みんなの日本語

初級I 第2版

Minna no Nihongo

書いて覚える 文型練習帳

平井悦子・三輪さち子 [著]

スリーエーネットワーク

Published by 3A Corporation.
Trusty Kojimachi Bldg., 2F, 4, Kojimachi 3-Chome, Chiyoda-ku, Tokyo 102-0083,
Japan

ISBN978-4-88319-607-4 C0081

First published 2000
Second Edition 2012
Printed in Japan

# はじめに

　この本は初級文法および語彙を整理し、書くことを通して定着を図るものです。

　文末の省略や助詞の省略は、母語話者の自然な会話ではよく聞かれますが、初級学習者の発話では不正確な理解が原因となる場合が多いようです。文を書いたときに、基本的な単文においても、助詞の間違いや欠落、表記の過ち（特に音便形・長音）、不正確な表現など、多くの問題が見られます。

　本書を使用することにより、学習の早い段階から正確な理解、習得が促され、書く力が養われます。また、本書はクラス作業用としても自習用として使えるものです。

　なお、この本を作成するにあたり、高橋美和子氏、埼玉大学平田真美氏、YMCAアジア語学院日本語学校栗原裕子氏、及び同校講師の皆さんに貴重なご意見を頂戴しました。また（財）海外技術者研修協会、（財）神奈川県国際交流協会、（財）横浜市女性協会の諸機関にもご協力を頂きました。編集に当たっては、スリーエーネットワークの菊川綾子氏にお世話になりました。ここに改めて謝意を表します。

2000 年 11 月　著者

　本書は『みんなの日本語　初級Ⅰ　第2版　本冊』の発行に伴い、語彙の見直しを行い、第2版として発行するものです。

2012 年 7 月　スリーエーネットワーク

# 本書をお使いになる皆さんへ

## ●特色
1. 提出順序は『みんなの日本語　初級Ⅰ　第2版　本冊』のシラバスに準じています。
2. 内容
   1）語彙の整理と定着
   2）文型の整理と定着
   3）各課毎の文法チェックシート
   4）疑問詞・助詞・副詞・動詞のフォーム・後続句の分類整理
   5）短作文
   6）フォームの資料
   7）総復習としてのまとめ
3. 表記
   10課まで …… ひらがな分かち書き
   11課から …… 漢字かなまじり
   　　　　　　　　『みんなの日本語　初級Ⅰ　第2版　本冊』に倣っています。
   　　　　　　　　但し、フォームの整理（て形・ない形・辞書形など）
   　　　　　　　　形容詞の整理などは全てひらがなにしてあります。

## ●注意点
1. ワークシートのタイトル（例：5課1　日付）は教師用のものです。
2. 問題の指示・未習の語彙には、英語・中国語・韓国語訳をつけてあります。
3. 各課毎の文法チェックシートはクラス作業の場合、毎日の小テストとしても使えます。
4. 短作文（例：6課5　1日）は宿題としても使えます。
5. 宿題やクラス作業で書いたものは、教師が回収し、正しい文か、表記が正しいかどうかに注意してチェックしてください。

# 目　次

**別冊　解答例**

# あいさつ

# 1課1 職業名

I.

> かいしゃいん, せんせい, がくせい, いしゃ, ぎんこういん

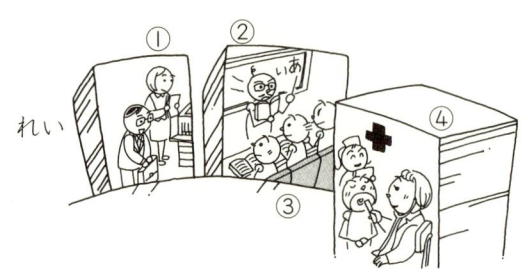

れい：やまだ　　　①さとう　　　　②すずき　　　③たろう　　　　④ワン
（ぎんこういん）（かいしゃいん　）（せんせい　）（がくせい　　）（いしゃ　　）

II.

れい：やまださんは　ぎんこういんです。

① さとうさんは　かいしゃいん　　　　　　　　　　　です。

② すずきさんは　せんせい　です。

③たろう　　くんは　がくせい　です。

④ワン　　　は　いしゃ　です。

III.

れい：

わたしは　かいしゃいんです。さとうさん　［ は / も ］　かいしゃいんです。

わたしは＿＿＿＿＿＿＿＿＿＿＿＿＿＿＿＿＿＿＿＿です。

＿＿＿＿＿＿さん　［ は / も ］＿＿＿＿＿＿＿＿＿＿です。

＿＿＿＿＿＿さん　［ は / も ］＿＿＿＿＿＿＿＿＿＿です。

# 1課 2　自己紹介・友達紹介

1. カリナさん

カリナ

ふじだいがく
がくせい（24）

インドネシアから　きました。
ふじだいがくの　＿＿＿＿＿＿＿＿＿　です。
＿＿＿＿＿＿＿＿＿さいです。

2. わたし

わたしは カタリン ＿＿＿＿＿＿＿ です。
アメリカ ＿＿＿＿＿ から　きました。
キンザ ＿＿＿＿＿ の ミリタリ ＿＿＿＿ です。
23 ＿＿＿＿＿ さいです。

3. 友達について書きましょう。

Write about a friend.

写写你朋友的简单情况。

친구를 소개하는 글을 써 봅시다.

＿＿＿＿＿＿＿＿さん

＿＿＿＿＿＿＿＿＿＿から　きました。
＿＿＿＿＿＿＿＿の＿＿＿＿＿＿＿＿です。
＿＿＿＿＿＿＿＿さいです。

れい：A：あなたは　がくせいですか。　　B：┌ はい、わたしです。
　　　　　　　　　　　　　　　　　　　　　 └ （はい、がくせいです。）

1．A：あなたは　ミラーさんですか。　　B：はい、┌ ミラーさん ┐ です。
　　　　　　　　　　　　　　　　　　　　　　 └ ミラー 　　┘

2．A：やまださんは　ぎんこういんですか。　　B：┌ はい、　 ┐ ぎんこういんです。
　　　　　　　　　　　　　　　　　　　　　　　 └ いいえ、 ┘

3．A：ワンさんは　かいしゃいんですか。

　　B：いいえ、かいしゃいん ┌ です。
　　　　　　　　　　　　　　 └ じゃ　ありません。

4．A：やまださんは　なんさいですか。　　B：┌ はい、35さいです。
　　　　　　　　　　　　　　　　　　　　　 └ 35さいです。

5．A：あの　ひとは　だれですか。　　B：┌ だれですか。
　　　　　　　　　　　　　　　　　　　 └ さとうさんです。

6．A：たろうくんは ┌ なんさい ┐ ですか。　　B：8さいです。
　　　　　　　　　 └ だれ　　 ┘

7．A：あの　かたは ┌ おいくつ ┐ ですか。　　B：ミラーさんです。
　　　　　　　　　 └ どなた　 ┘

8．わたしは ┌ ブラジル 　　 ┐ から　きました。
　　　　　　└ ブラジルじん ┘

9．さとうさんは　にほんじんです。やまださん ┌ の ┐ にほんじんです。
　　　　　　　　　　　　　　　　　　　　　　 └ も ┘

10．やまださんは　IMC ┌ の ┐ しゃいんです。
　　　　　　　　　　　 └ も ┘

4

# 2課1　物の名前

I.

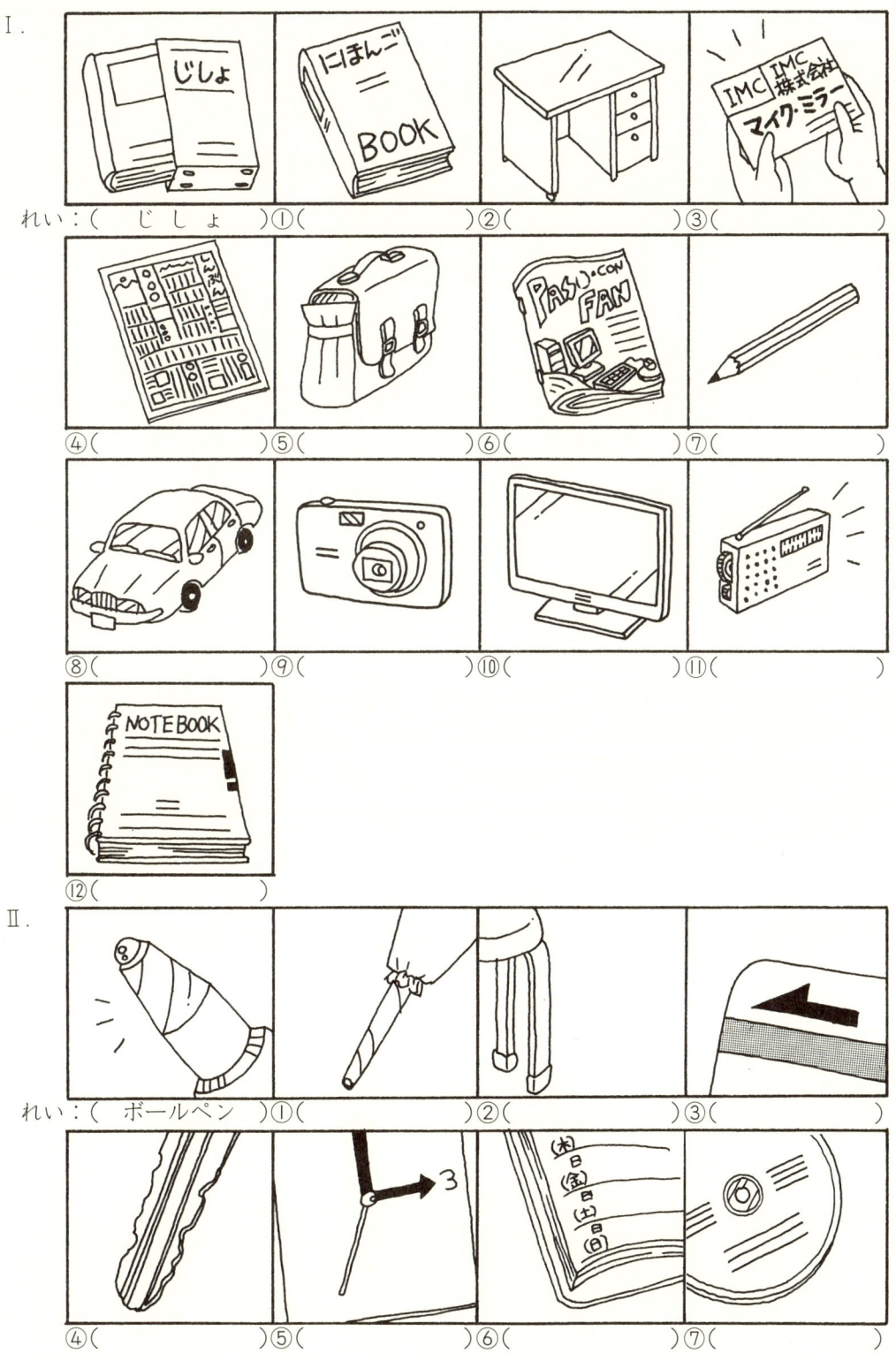

れい：（　じしょ　）①（　　　　　　）②（　　　　　　）③（　　　　　　）

④（　　　　　　）⑤（　　　　　　）⑥（　　　　　　）⑦（　　　　　　）

⑧（　　　　　　）⑨（　　　　　　）⑩（　　　　　　）⑪（　　　　　　）

⑫（　　　　　　）

II.

れい：（　ボールペン　）①（　　　　　　）②（　　　　　　）③（　　　　　　）

④（　　　　　　）⑤（　　　　　　）⑥（　　　　　　）⑦（　　　　　　）

## 疑問文の整理

疑問文の種類を3つに分けて、1、2、3を（　）に書きましょう。

Classify the questions into three groups, and write 1, 2, or 3 in the brackets.

把下面的疑问句分为三类，用数字1、2、3填写在（　）中。

의문문을 세가지로 분류하고, 1,2,3을 （　　）에 적어 넣읍시다.

```
1. A：〜は〜ですか。

   B： ┌ はい、〜
       └ いいえ、〜


2. A：〜は ┌   疑問詞      ┐
           │ interrogative │ ですか。
           │   疑问词      │
           └   의문사      ┘

   B：〜です。


3. A：〜は〜ですか、〜ですか。

   B：〜です。
```

れい： これは　ほんですか。　　　　　　　　　　　　　　　　（ 1 ）

①これは　あなたの　ほんですか。　　　　　　　　　　　　（　）

②あれは　なんですか。　　　　　　　　　　　　　　　　　（　）

③たろうちゃんは　なんさいですか。　　　　　　　　　　　（　）

④ワットさんは　イギリスじんですか、アメリカじんですか。（　）

⑤それは　なんの　ざっしですか。　　　　　　　　　　　　（　）

⑥この　かさは　だれのですか。　　　　　　　　　　　　　（　）

⑦これは　「1」ですか、「7」ですか。　　　　　　　　　　（　）

⑧あの　かたは　どなたですか。　　　　　　　　　　　　　（　）

⑨それは　タワポンさんの　てちょうですか。　　　　　　　（　）

れい：A：これは　えんぴつですか。　　B：┌ えんぴつです。
　　　　　　　　　　　　　　　　　　　　　　└（はい、えんぴつです。）

1．A：これは　なんですか。　B：┌ ほんです。
　　　　　　　　　　　　　　　　　└ はい、ほんです。

2．A：これは　ほんですか。
　　　　B：┌ いいえ、ほんじゃ　ありません。
　　　　　　└ ほんじゃ　ありません。

3．A：それは　なんの　ざっしですか。
　　　　B：┌ くるまの　┐
　　　　　　└ わたしの　┘ ざっしです。

4．A：これは　ほんですか、ざっしですか。
　　　　B：┌ はい、ざっしです。
　　　　　　└ ざっしです。

5．A：それは　だれの　カメラですか。　B：┌ わたし　　┐
　　　　　　　　　　　　　　　　　　　　　　└ わたしの　┘ です。

6．A：あれは ┌ なん ┐ ですか。　B：てちょうです。
　　　　　　　└ だれ ┘

7．A：あれは ┌ だれの ┐ かばんですか。　B：たなかさんのです。
　　　　　　　└ なんの ┘

8．A：カリナさんは　がくせいですか。　B：はい、┌ そう　　　┐ です。
　　　　　　　　　　　　　　　　　　　　　　　└ カリナさん ┘

9．┌ あの ┐ は　わたしのです。
　　└ あれ ┘

10．┌ この ┐ かさは　わたしのです。
　　　└ これ ┘

れい：（こばやしせんせい）こばやしせんせいは　どこですか。

　　　…じむしょです。

① （でんわ）＿＿＿＿＿＿＿＿＿＿＿＿＿＿＿＿＿＿＿＿＿＿＿＿＿＿＿

　　…＿＿＿＿＿＿＿＿＿＿＿＿＿＿＿＿＿＿＿＿＿＿＿＿＿＿＿＿＿＿

② （しんぶん）＿＿＿＿＿＿＿＿＿＿＿＿＿＿＿＿＿＿＿＿＿＿＿＿＿＿

　　…＿＿＿＿＿＿＿＿＿＿＿＿＿＿＿＿＿＿＿＿＿＿＿＿＿＿＿＿＿＿

③ （じしょ）＿＿＿＿＿＿＿＿＿＿＿＿＿＿＿＿＿＿＿＿＿＿＿＿＿＿＿

　　…＿＿＿＿＿＿＿＿＿＿＿＿＿＿＿＿＿＿＿＿＿＿＿＿＿＿＿＿＿＿

④ （テレビ）＿＿＿＿＿＿＿＿＿＿＿＿＿＿＿＿＿＿＿＿＿＿＿＿＿＿＿

　　…＿＿＿＿＿＿＿＿＿＿＿＿＿＿＿＿＿＿＿＿＿＿＿＿＿＿＿＿＿＿

⑤ （タワポンさん）＿＿＿＿＿＿＿＿＿＿＿＿＿＿＿＿＿＿＿＿＿＿＿＿

　　…＿＿＿＿＿＿＿＿＿＿＿＿＿＿＿＿＿＿＿＿＿＿＿＿＿＿＿＿＿＿

⑥ （CD）＿＿＿＿＿＿＿＿＿＿＿＿＿＿＿＿＿＿＿＿＿＿＿＿＿＿＿＿＿

　　…＿＿＿＿＿＿＿＿＿＿＿＿＿＿＿＿＿＿＿＿＿＿＿＿＿＿＿＿＿＿

**I.**

|  |  | 10 | 100 | 1,000 | 10,000 |
|---|---|---|---|---|---|
| 1 | いち | じゅう |  |  |  |
| 2 |  | にじゅう | にひゃく |  | にまん |
| 3 | さん | さんじゅう |  |  | さんまん |
| 4 | / |  |  | よんせん |  |
| 5 |  | ごじゅう | ごひゃく | ごせん |  |
| 6 | ろく |  |  | ろくせん | ろくまん |
| 7 | / | / | ななひゃく |  | ななまん |
| 8 | はち | はちじゅう |  |  | はちまん |
| 9 | / |  | きゅうひゃく | きゅうせん |  |

**II.**

れい： 30 ＋ 6 ＝ 36
（さんじゅう）＋（ろく）＝（さんじゅう ろく）

1. 10 ＋ 5 ＝ （　）
（　）＋（　）＝（　）

2. 300 ＋ 20 ＋ 4 ＝ （　）
（　）＋（　）＋（　）＝（　）

3. 6,000 ＋ 800 ＋ 90 ＋ 7 ＝ （　）
（　）＋（　）＋（　）＋（　）＝（　）

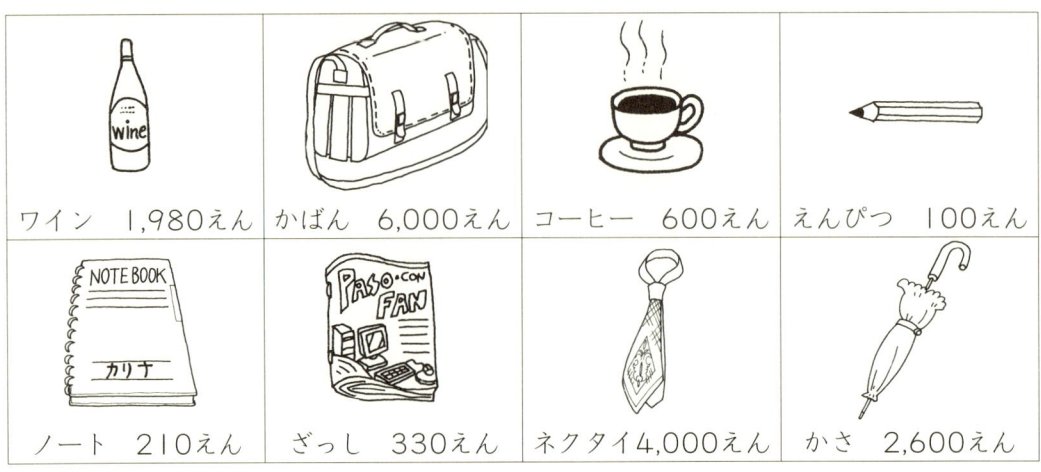

## 3課3 買い物

| | | | |
|---|---|---|---|
| ワイン　1,980えん | かばん　6,000えん | コーヒー　600えん | えんぴつ　100えん |
| ノート　210えん | ざっし　330えん | ネクタイ4,000えん | かさ　2,600えん |

れい：（ワイン）+（ネクタイ）　（　　　5,980　　　）えんです。

（　ごせん　きゅうひゃく　はちじゅう　）

1.（　ノート　）+（　えんぴつ　）=（　　　　　　　）えんです。

（　　　　　　　　　　　　　　　）

2.（　　　　　　　）+（　　　　　　　）=（　　6,600　　）えんです。

（　　　　　　　　　　　　　　　）

3.（　　　　　　）+（　　　　　　）+（　　　　　　）=（　　　　　　）えんです。

（　　　　　　　　　　　　　　　）

## 3課4　どこの？　いくら？

| | | どこ | いくら |
|---|---|---|---|
| れい：わたし | とけい | にほん | 3,000えん |
| ①　わたし | | | |
| ② | | | |

れい：わたしの　とけいは　にほんのです。3,000えんです。

①_____

②_____

れい：

> これ，です，
> ほん，は

1.
> あの かた，
> です，は，
> か，どなた

2.
> カメラ，か，
> です，の，どこ，
> その，は

3.
> かばん，の，か，
> あれ，です
> は，だれ

4.
> ここ，へや，は，
> じゃ ありません，
> の，わたし

5.
> 1,500，は，
> えん，ネクタイ，
> この，です

6.
> です，これ，
> あの ひと，
> は，とけい，の

れい：これは　ほんです。

1. _____
2. _____
3. _____
4. _____
5. _____
6. _____

れい：A：ここは　きょうしつですか。　　B：はい、　┌ これです。
　　　　　　　　　　　　　　　　　　　　　　　　　　└（そうです。）

1. トイレは ┌ ここ ┐ です。
　　　　　　└ これ ┘

2. A：おくには　どちらですか。　　B：┌ とうきょう ┐ です。
　　　　　　　　　　　　　　　　　　　└ にほん ┘

3. A：うちは　どちらですか。　　B：┌ とうきょう ┐ です。
　　　　　　　　　　　　　　　　　　└ にほん ┘

4. A：これは ┌ なん ┐ ですか。　　B：5,000えんです。
　　　　　　└ いくら ┘

5. A：これは ┌ どこの ┐ ネクタイですか。
　　　　　　└ だれの ┘

　　B：┌ タイの ┐ ネクタイです。
　　　　└ タイ ┘

6. A：おくには ┌ なん ┐ ですか。　　B：タイです。
　　　　　　　└ どこ ┘

7. A：かいしゃは ┌ なん ┐ ですか。　　B：パワーでんきです。
　　　　　　　　└ どこ ┘

8. A：パワーでんきは ┌ なんの ┐ かいしゃですか。
　　　　　　　　　　└ どこの ┘

　　B：コンピューターの　かいしゃです。

9. A：カメラうりばは ┌ なん ┐ ですか。　　B：あちらです。
　　　　　　　　　　└ どちら ┘

## 4課 1 　時刻

れい：（12じ10ぷん）

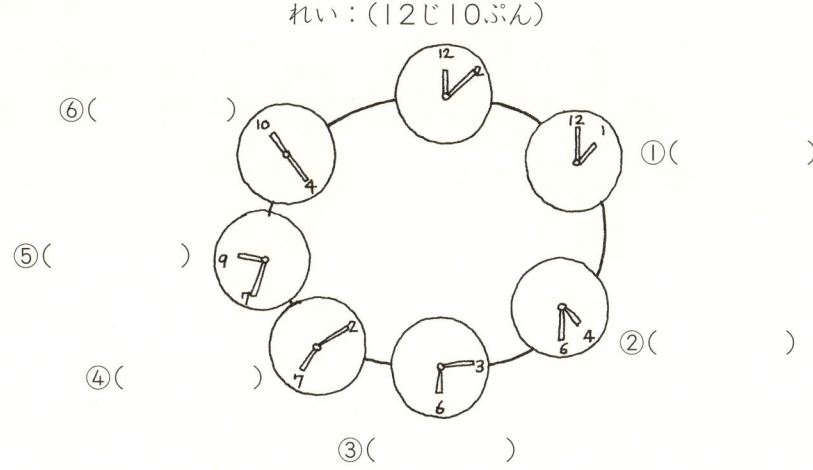

⑥（　　　　　　）

①（　　　　　　）

②（　　　　　　）

③（　　　　　　）

④（　　　　　　）

⑤（　　　　　　）

## 4課 2 　曜日／～から～まで

Ⅰ．なんようびですか。

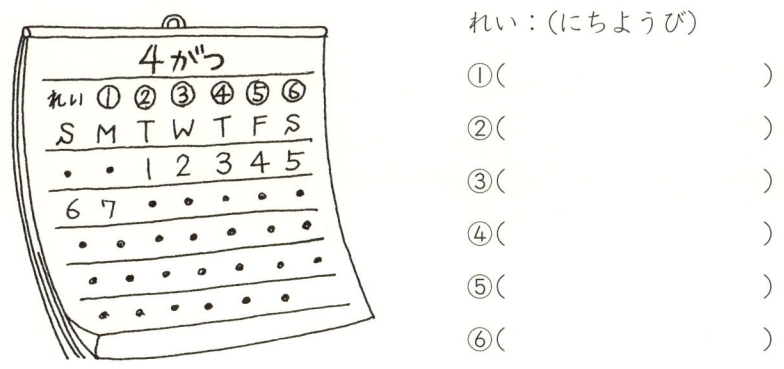

れい：（にちようび）

①（　　　　　　　　）

②（　　　　　　　　）

③（　　　　　　　　）

④（　　　　　　　　）

⑤（　　　　　　　　）

⑥（　　　　　　　　）

Ⅱ．れい：タワポンさんの ［がっこう, かいしゃ］は　げつようびから

きんようびまでです。9じから　3じはんまでです。

ひるやすみは　12じから　1じまでです。

わたしの ［がっこう, かいしゃ］は _____

_____

_____

 **4課3**　**～ます・～ません・～ました・～ませんでした**

| | | | | | | |
|---|---|---|---|---|---|---|
| ～ませんでした | | | | やすみませんでした | | |
| ～ました | | | べんきょうしました | | はたらきました | |
| ～ません | | ねません | | | | おわりません |
| ～ます | おきます | | | | | |
| | | | | | | |

# 4課4 [時刻] に / [時刻] から [時刻] まで ] 〜ます／〜ました

れい：きむらさんは　まいにち　7じに　おきます。

　　　9じから　5じ15ふんまで　はたらきます。

　　　11じに　ねます。

　　　にちようび　やすみます。


1. まいにち

わたしは＿＿＿＿＿＿＿＿＿＿＿＿＿＿＿＿＿＿＿＿＿＿＿＿＿＿＿

＿＿＿＿＿＿＿＿＿＿＿＿＿＿＿＿＿＿＿＿＿＿＿＿＿＿＿＿＿＿＿

＿＿＿＿＿＿＿＿＿＿＿＿＿＿＿＿＿＿＿＿＿＿＿＿＿＿＿＿＿＿＿

＿＿＿＿＿＿＿＿＿＿＿＿＿＿＿＿＿＿＿＿＿＿＿＿＿＿＿＿＿＿＿


2. 先週の日曜日*

わたしは＿＿＿＿＿＿＿＿＿＿＿＿＿＿＿＿＿＿＿＿＿＿ました。

＿＿＿＿＿＿＿＿＿＿＿＿＿＿＿＿＿＿＿＿＿＿＿＿＿＿＿＿＿＿＿

＿＿＿＿＿＿＿＿＿＿＿＿＿＿＿＿＿＿＿＿＿＿＿＿＿＿＿＿＿＿＿

＿＿＿＿＿＿＿＿＿＿＿＿＿＿＿＿＿＿＿＿＿＿＿＿＿＿＿＿＿＿＿


先週の日曜日　last Sunday　上星期日　지난주 일요일

15

れい：A：いま　9じですか。　　B：┌ はい、いまです。
　　　　　　　　　　　　　　　　　　└ (はい、9じです。)

1. A：いま　なんじですか。　　B：┌ 4じに
　　　　　　　　　　　　　　　　　└ 4じ ┘ です。

2. A：あしたは　なんようびですか。　　B：┌ もくようび
　　　　　　　　　　　　　　　　　　　　　└ なんようび ┘ です。

3. A：でんわばんごうは　┌ なん
　　　　　　　　　　　　└ なんばん ┘ ですか。

　　B：341の　2531です。

4. A：けさ　なんじに　おきましたか。　　B：7じに ┌ おきました。
　　　　　　　　　　　　　　　　　　　　　　　　└ おきます。

5. A：こんばん　べんきょうしますか。　　B：はい、┌ べんきょうします。
　　　　　　　　　　　　　　　　　　　　　　　　└ べんきょうしました。

6. A：きのう　はたらきましたか。　　B：いいえ、┌ はたらきません。
　　　　　　　　　　　　　　　　　　　　　　　　└ はたらきませんでした。

7. A：ぎんこうは　なんじからですか。　　B：9じから ┌ はたらきます。
　　　　　　　　　　　　　　　　　　　　　　　　　└ です。

8. デパートは　10じ ┌ から
　　　　　　　　　　　└ に ┘ です。

9. ひるやすみは　1じ ┌ まで
　　　　　　　　　　　└ に ┘ おわります。

10. A：やすみは　なんようびですか。

　　B：どようび ┌ と
　　　　　　　　 └ も ┘ にちようびです。

## 5課1 日付

| れい：1月1日 | がんじつ*1 |
|---|---|
| 1. 4月29日 | しょうわの　ひ*2 |
| 2. 5月4日 | みどりの　ひ*3 |
| 3. 5月5日 | こどもの　ひ*4 |
| 4. 11月3日 | ぶんかの　ひ*5 |
| 5. 11月23日 | きんろうかんしゃの　ひ*6 |

れい：いちがつ　ついたちは　がんじつです。

1. ＿＿＿＿＿＿＿＿＿＿＿＿＿＿＿＿は　しょうわの　ひです。

2. ＿＿＿＿＿＿＿＿＿＿＿＿＿＿＿＿は　みどりの　ひです。

3. ＿＿＿＿＿＿＿＿＿＿＿＿＿＿＿＿は　こどもの　ひです。

4. ＿＿＿＿＿＿＿＿＿＿＿＿＿＿＿＿は　ぶんかの　ひです。

5. ＿＿＿＿＿＿＿＿＿＿＿＿＿＿＿＿は　きんろうかんしゃの　ひです。

## 5課2 誕生日

れい：わたしの　たんじょうびは　4がつ28にちです。

1. わたしの　たんじょうびは＿＿＿＿＿＿＿＿です。

2. ＿＿＿＿＿さんの＿＿＿＿＿＿＿＿は＿＿＿＿＿＿＿＿＿＿＿＿＿＿

3. ＿＿＿＿＿＿＿＿＿＿＿＿＿＿＿＿＿＿＿＿＿＿＿＿＿＿＿＿＿＿＿＿

---

*1がんじつ　New Year's Day　元旦　설날　*2しょうわの　ひ　Showa Day　昭和之日　쇼와의 날
*3みどりの　ひ　Greenery Day　绿之日　녹음의 날　*4こどもの　ひ　Children's Day　儿童节
어린이날　*5ぶんかの　ひ　Culture Day　文化节　문화의 날　*6きんろうかんしゃの　ひ　Labor
Thanksgiving Day　勤劳感谢节　근로감사의 날

# 5課3 ～ [へ／で／と／に] 行きます／～から来ました

I. 絵を見て文を書きましょう。

Look at the pictures and complete the sentences.

根据下图进行造句练习。

그림을 보고 문장을 완성해 봅시다.

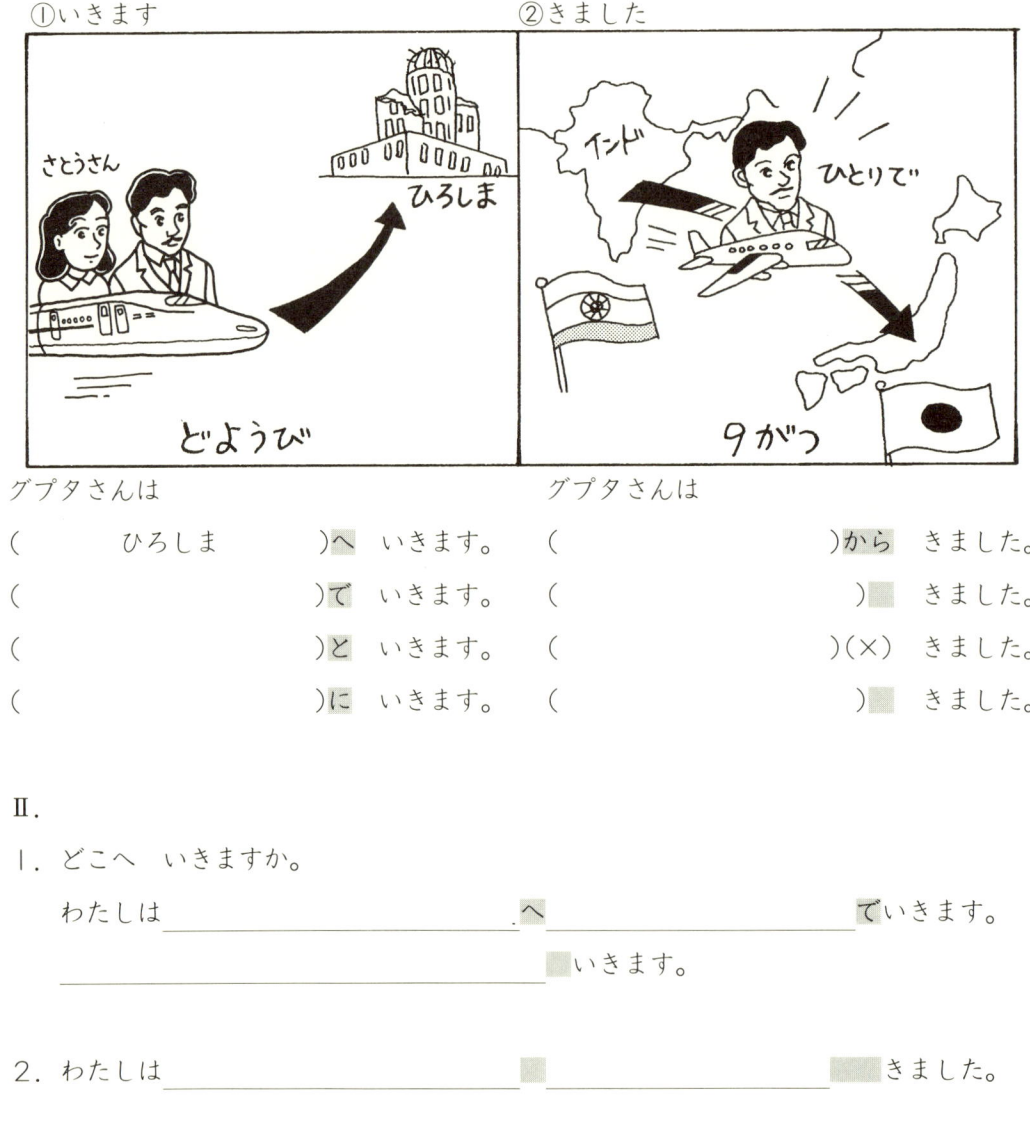

①いきます                          ②きました

グプタさんは                        グプタさんは

( 　　　ひろしま　　　 )へ いきます。    ( 　　　　　　　　　 )から きました。

( 　　　　　　　 )で いきます。        ( 　　　　　　　 )▢ きました。

( 　　　　　　　 )と いきます。        ( 　　　　　　 )(×) きました。

( 　　　　　　　 )に いきます。        ( 　　　　　　　 )▢ きました。


II.

1. どこへ いきますか。

わたしは＿＿＿＿＿＿＿＿＿＿＿＿.へ＿＿＿＿＿＿＿＿＿でいきます。

＿＿＿＿＿＿＿＿＿＿＿＿＿＿▢いきます。


2. わたしは＿＿＿＿＿＿＿＿＿＿▢＿＿＿＿＿＿＿＿＿▢きました。

＿＿＿＿＿＿＿＿＿＿＿＿＿＿＿＿＿

18

# 5課4 ことばの整理

四角の中のことばを4つの種類に分けましょう。

Classify the words in the box into four groups.

把四方框中的单词按类别分成四组。

아래의 단어를 네가지 종류로 나누어 봅시다.

---

かぞく，えき，じてんしゃ，きのう，ゆうびんきょく，せんしゅう，あるいて，
せんせい，ちかてつ，ひこうき，9じ，まいにち，ともだち，がっこう，スーパー，
ひとりで，こんばん，12じ

---

れい：なんじに　いきますか。　　[12じ]　[9じ]

1. なんで　いきますか。

　　でんしゃ　　　[　　　　　]　[　　　　　]　[　　　　　]　[　　　　　]

2. だれと　いきますか。

　　ワンさん　　　[　　　　　]　[　　　　　]　[　　　　　]　[　　　　　]

3. どこへ　いきますか。

　　ぎんこう　　　[　　　　　]　[　　　　　]　[　　　　　]　[　　　　　]

4. いつ　いきますか。／いきましたか。

　　あした　　　　[　　　　　]　[　　　　　]　[　　　　　]　[　　　　　]

れい：きょうは　9がつ11にち $\boxed{\begin{array}{c}\times \\ \text{に}\end{array}}$ です。

1．にちようび　デパートへ $\left[\begin{array}{l}\text{いきます。} \\ \text{きます。}\end{array}\right.$

2．A：きのう　どこへ　いきましたか。

　　B：どこも $\left[\begin{array}{l}\text{いきませんでした。} \\ \text{いきました。}\end{array}\right.$

3．A：$\boxed{\begin{array}{c}\text{なんで} \\ \text{だれと}\end{array}}$ にほんへ　きましたか。

　　B：ひこうきで　きました。

4．A：$\boxed{\begin{array}{c}\text{いつ} \\ \text{だれと}\end{array}}$ くにへ　かえりますか。

　　B：らいげつ　かえります。

5．きょうと $\boxed{\begin{array}{c}\text{へ} \\ \text{で}\end{array}}$ しんかんせん $\boxed{\begin{array}{c}\text{へ} \\ \text{で}\end{array}}$ いきます。

6．ひとりで $\boxed{\begin{array}{c}\times \\ \text{と}\end{array}}$ あるいて $\boxed{\begin{array}{c}\text{で} \\ \times\end{array}}$ いきます。

7．A：いつ $\boxed{\begin{array}{c}\text{に} \\ \times\end{array}}$ にほんへ　きましたか。

　　B：6がつ28にち $\boxed{\begin{array}{c}\text{に} \\ \times\end{array}}$ きました。

## 6課1 ～を～ます

れい：（しゃしん）を［みます］

① （　　　　　　）を［　　　　　　］

② （　　　　　　）を［　　　　　　］
③ （　　　　　　）を［　　　　　　］

④ （　　　　　　）を［　　　　　　］
⑤ （　　　　　　）を［　　　　　　］

⑥ （　　　　　　）を［　　　　　　］
⑦ （　　　　　　）を［　　　　　　］

⑧ （　　　　　　）を［　　　　　　］
⑨ （　　　　　　）を［　　　　　　］

コーヒー
ＣＤ
てがみ
しゃしん
ラジオ
パン
テレビ
おちゃ
しんぶん
さかな

## 6課2 ［場所］で～ます

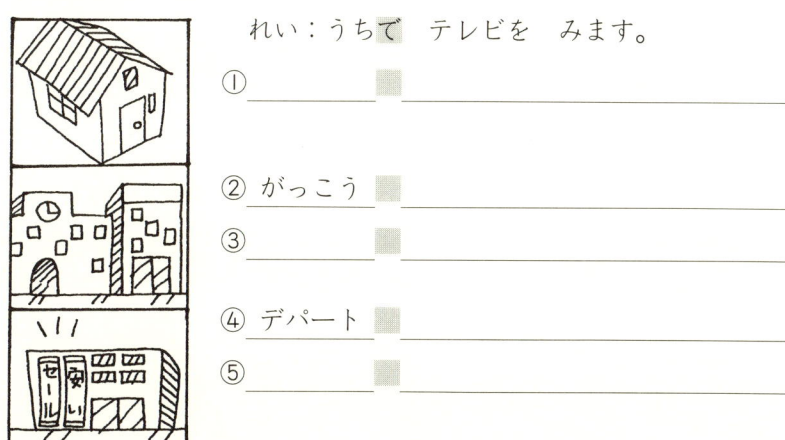

れい：うちで　テレビを　みます。

① _____ ▨ _____

② がっこう ▨ _____
③ _____ ▨ _____

④ デパート ▨ _____
⑤ _____ ▨ _____

## 6課3 [時刻] に〜ます／[時刻] に〜を〜ます
## [時刻] から [時刻] まで〜ます

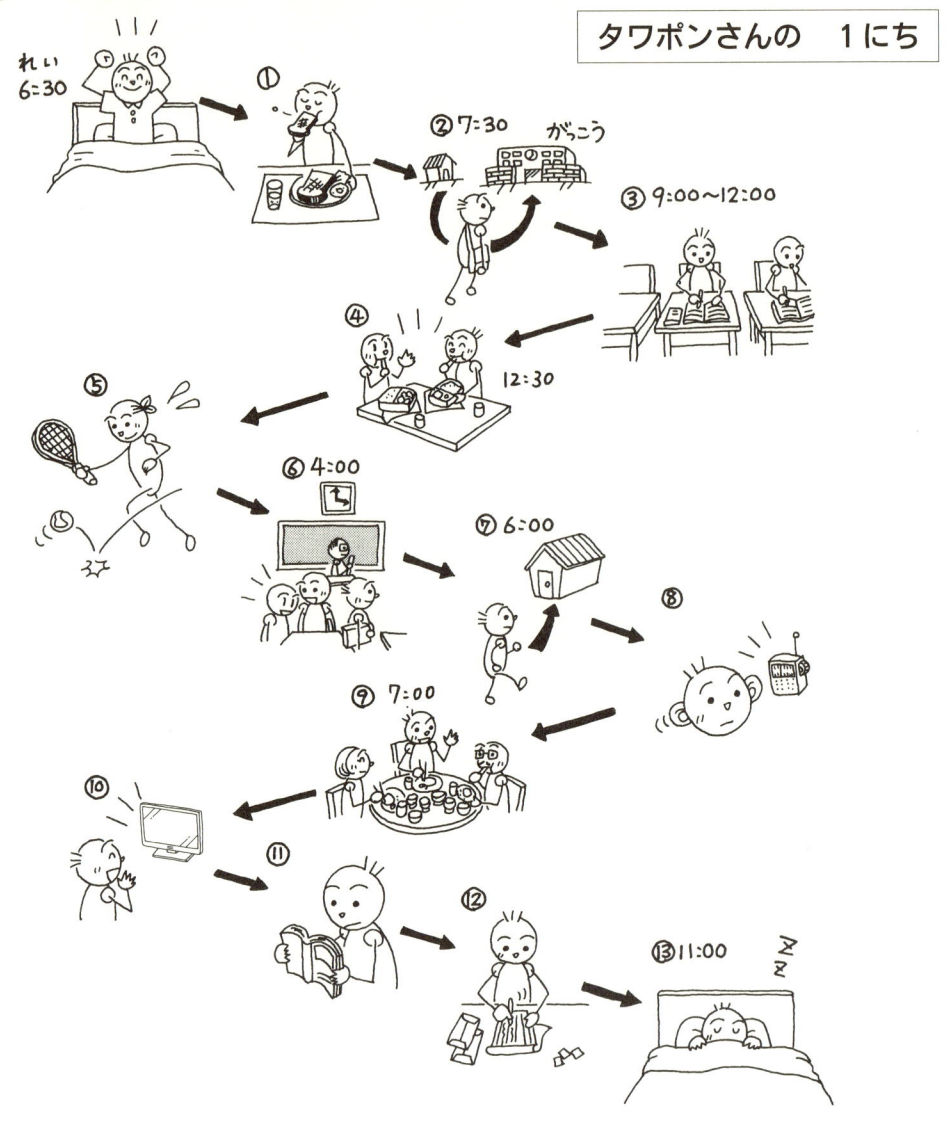

タワポンさんは　6じはんに　<sup>れい</sup>(おきます)。あさごはんを<sup>①</sup>(　　　　　　　　　　　　)。

7じはんに　がっこうへ<sup>②</sup>(　　　　　　　　　)。9じから　12じまで

<sup>③</sup>(　　　　　　　　　　　)。12じはんに　ひるごはんを<sup>④</sup>(　　　　　　　　　)。

テニスを<sup>⑤</sup>(　　　　　　　　)。がっこうは　4じに<sup>⑥</sup>(　　　　　　　　　)。

6じに　うちへ<sup>⑦</sup>(　　　　　　　　)。ラジオを<sup>⑧</sup>(　　　　　　)。7じに

ばんごはんを<sup>⑨</sup>(　　　　　　　　)。テレビを<sup>⑩</sup>(　　　　　　　)。ほんを

<sup>⑪</sup>(　　　　　　　)。てがみを<sup>⑫</sup>(　　　　　　　　)。それから　11じに

<sup>⑬</sup>(　　　　　　　)。

22

# 6課 4 ～ます・～ません・～ました・～ませんでした・～ましょう・～ませんか

| | 1 | 2 | 3 | 4 | 5 | 6 |
|---|---|---|---|---|---|---|
| ～ませんか | たべませんか | | | | | かえりませんか |
| ～ましょう | | いきましょう | | | みましょう | |
| ～ませんでした | | | のみませんでした | とりませんでした | | |
| ～ました | | | のみました | | | |
| ～ません | | いきません | | | みません | |
| ～ます | たべます | | | とります | | かえります |
| 絵 | | | | | | |

23

あなたは きのう なにを しましたか。

れい：わたしは きのうの あさ 6じはんに おきました。

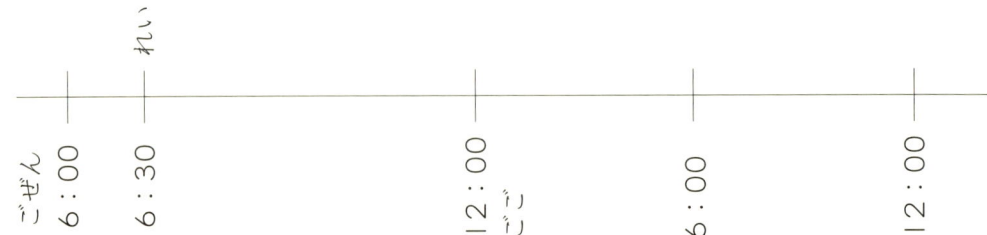

ごぜん
6：00

6：30

れい

12：00
ごご

6：00

12：00

24

# 6課6 文法チェックシート

れい：A：さかなを　たべますか。　　B： はい、さかなです。
　　　　　　　　　　　　　　　　　　　　　(はい、たべます。)

1. A：なにを　たべますか。

　　B：パンと コーヒー / くだもの を　たべます。

2. A：なにを　よみますか。　B：なにも よみません。 / よみます。

3. A：あした　いっしょに　きょうとへ いきませんか。 / いきましたか。

　　B：ええ、いいですね。 いきましょう。 / いきました。

4. A：あした なに / なん を　しますか。　B：よこはまへ　いきます。

5. A：きのう　なにを　しましたか。　B：えいがを しました。 / みました。

6. A：どこで　コーヒーを　のみますか。　B：しょくどう へ / で のみます。

7. ともだち に / を あいました。

8. ともだち に / と ごはんを　たべました。

9. げつようびから　きんようびまで　がっこうへ　いきます。

　　どようび は / も いきません。

25

# 7課1 〜で〜ます

はし, えんぴつ, フォーク, スプーン, テレビ, ボールペン, CD

れい: はしで　ごはんを　たべます。

1.
れい:[はし]

[　　　　　] で
[　　　　　] たべます

_____
_____

2.
[　　　　　] で
[　　　　　] かきます

_____
_____

3.
[　　　　　] で
[　　　　　] べんきょうします

_____
_____

# 7課2 〜語で〜です

れい: これは　にほんごで　なんですか。

…セロテープです。

1. _____

… _____

2. _____

げんき

… _____

26

## 7課3　～をもらいます

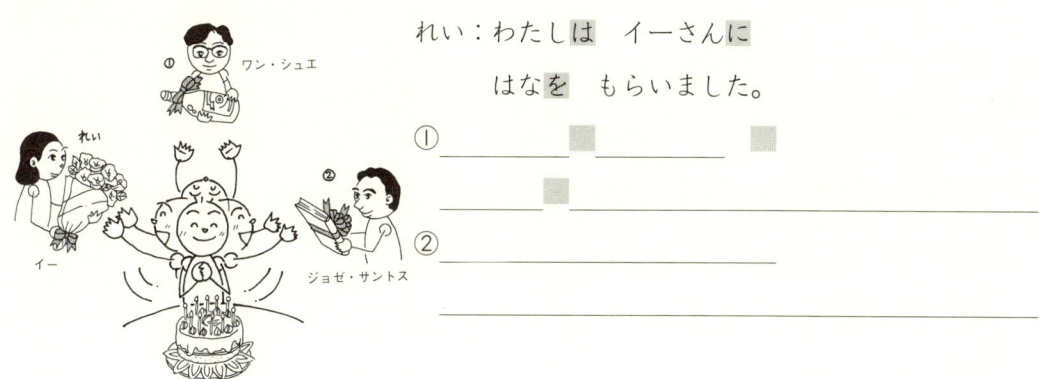

れい：わたしは　イーさんに
　　　はなを　もらいました。

① ＿＿＿＿＿＿▢＿＿＿＿＿＿　　▢＿＿＿＿＿

　＿＿＿＿＿＿▢＿＿＿＿＿＿＿＿＿＿＿＿＿＿

② ＿＿＿＿＿＿＿＿＿＿＿＿＿＿＿

　＿＿＿＿＿＿＿＿＿＿＿＿＿＿＿＿＿＿＿＿＿

## 7課4　～をあげます

あなたは　なにを　あげますか。

れい：わたしは　ともだちに　CDを　あげます。

1. わたしは　ともだちに＿＿＿＿＿＿＿＿＿＿＿＿＿＿＿

2. わたしは　ともだちに＿＿＿＿＿＿＿＿＿＿＿＿＿＿＿

3. わたしは　ともだちに＿＿＿＿＿＿＿＿＿＿＿＿＿＿＿

 **7課5** **貸します・借ります・教えます・習います**

れい：きむらさんは　たなかさんに　ほんを　かします。

たなかさんは　きむらさんに（　　　　　　　　　　　　　　　）

1.　さとうさんは　ワンさんに（　　　　）を（　　　　　　　　）

ワンさんは（　　　　　　　　）■（　　　　　　）■（　　　　　　）

2.　せんせい■　がくせい■（　　　　　）■（　　　　　　　　）

がくせい■（　　　　　　　）■（　　　　　）■（　　　　　　　）

**7課6** **［場所］で／［人］に借りました／習いました**

A：かりました

れい１：わたしは　としょかん　で　ほんを　かりました。

れい２：わたしは　ともだち　に　ＣＤを　かりました。

1.　わたしは＿＿＿＿＿＿＿で＿＿＿＿＿＿＿＿＿＿＿＿＿＿＿＿

2.　わたしは＿＿＿＿＿＿＿に＿＿＿＿＿＿＿＿＿＿＿＿＿＿＿＿

B：ならいました

1.　わたしは＿＿＿＿＿＿＿■＿＿＿＿＿＿＿＿＿＿＿＿＿＿＿＿

2.　わたしは＿＿＿＿＿＿＿■＿＿＿＿＿＿＿＿＿＿＿＿＿＿＿＿

 **文法チェックシート**

/10

れい：A：ナイフで　きりますか。　　B：┌ はい、ナイフです。
　　　　　　　　　　　　　　　　　　　　　└ (はい、ナイフで　きります。)

1. A：なんで　たべますか。

　　B：┌ はしで　　　　　┐たべます。
　　　　└ しょくどうで ┘

2. わたしは　ともだちに　CDを　┌ かしました。
　　　　　　　　　　　　　　　　└ かりました。

　　いっしょに　この　CDを　ききましょう。

3. せんせいに　にほんごを　┌ ならいました。
　　　　　　　　　　　　　　└ べんきょうしました。

4. A：┌ まだ ┐しゅくだいを　しましたか。
　　　└ もう ┘

　　B：いいえ、┌ まだ ┐です。これから　します。
　　　　　　　　└ もう ┘

5. A：なんで　レポートを　おくりますか。

　　B：メール┌ を ┐おくります。
　　　　　　　└ で ┘

6. にほんご┌ で ┐てがみを　かきます。
　　　　　　└ を ┘

7. ともだち┌ に ┐でんわを　かけます。
　　　　　　└ へ ┘

8. たんじょうび┌ まで ┐はは┌ に ┐はなを　あげました。
　　　　　　　　└ に ┘　　└ を ┘

29

 **助詞の整理（7課まで）**

I. 「で」（動作の場所・道具・言語・交通手段）

楕円の中のことばを4つに分けて、下に文を書きましょう。

Classify the words in the oval into four groups and then make sentences with them.

先把椭圆圈中的单词分成四组，然后在下面造句。

아래의 단어를 네가지 종류로 나누어 문장을 써 봅시다.

ゆうびんきょく，て，スーパー，えいご，
でんしゃ，ナイフ，じてんしゃ，ぎんこう，
コンピューター，スプーン，がっこう，バス

A

| 1. としょかん | 2. はさみ |
|---|---|
| [            ] | [            ] |
| [            ] | [            ] |
| [            ] | [            ] |
| [            ] | [            ] |

で

| 3. にほんご | 4. ひこうき |
|---|---|
| [            ] | [            ] |
|  | [            ] |
|  | [            ] |

B

れい：としょかんで　ほんを　よみます。

1. _____

2. _____

3. _____

4. _____

II. 「に」

四角の中のことばを３つに分けて、下に文を書きましょう。

Classify the words in the box into three groups and then make sentences with them.

先把四方框中的单词分成三组，然后在下面造句。

아래의 단어를 세가지 종류로 나누어 문장을 써 봅시다.

> もらいます, ねます, かします, おくります,
> おきます, かけます, かります, ならいます,
> あげます, おわります

1. [ねます] [　　　　] [　　　　]
れい：わたしは　まいばん　９じに　ねます。

_____

_____

わたし

2. [かけます] [　　　　] [　　　　] [　　　　]
れい：わたしは　ともだちに　でんわを　かけます。

_____

_____

わたし

3. [ならいます] [　　　　] [　　　　]
れい：わたしは　タイの　ともだちに　タイごを　ならいます。

_____

_____

31

 **疑問詞と助詞の整理（7課まで）**

1. | どこ |
   れい１：（ ✕ ）ですか。
   れい２：（から）きましたか。
   （　　）いきますか。
   （　　）べんきょうしますか。
   （　　）いきません。

2. | だれ |
   （　　）ですか。
   （　　）ほんですか。
   （　　）いきますか。
   （　　）でんわを　かけますか。
   （　　）ならいましたか。

3. | なん |
   （　　）ですか。
   （　　）いきますか。
   （　　）きりますか。
   （　　）ほんですか。

   | なに |
   （　　）たべますか。
   （　　）しませんでした。

4. | なんじ |
   （　　）ですか。
   （　　）おわりますか。

   | なんじ | （　　） | なんじ | （　　　）べんきょうしますか。

5. | いつ |
   （　　）きましたか。

 **な形容詞／い形容詞**

Ⅰ. なけいようし

> べんり, げんき, ゆうめい, ひま, きれい,
>
> しずか, しんせつ, にぎやか, ハンサム

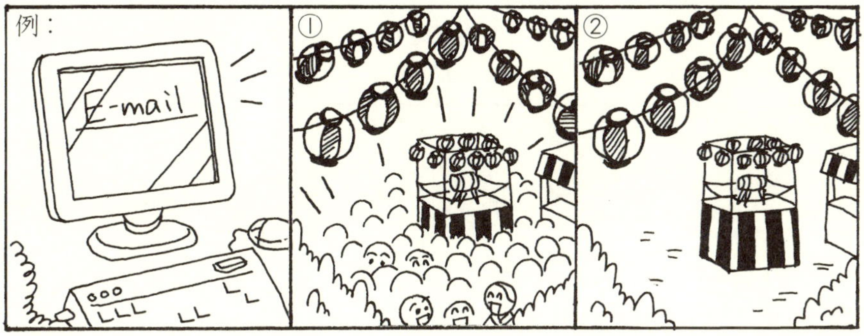

例：

（　べんり　）　　（　　　　　　　　）　　（　　　　　　　　）

（　　　　　　　）　　（　　　　　　　　）　　（　　　　　　　　）

（　　　　　　　）　　（　　　　　　　　）　　（　　　　　　　　）

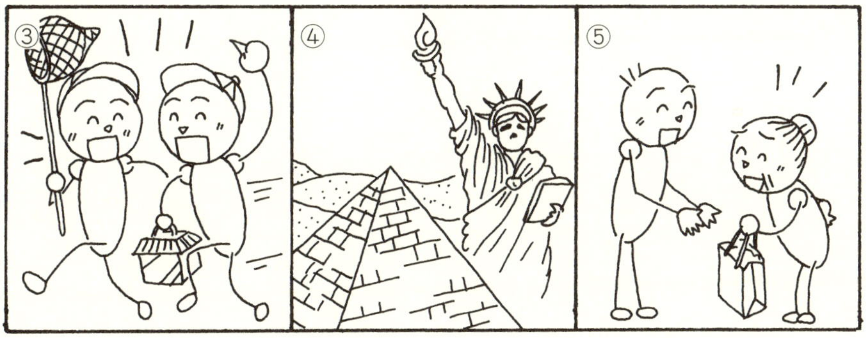

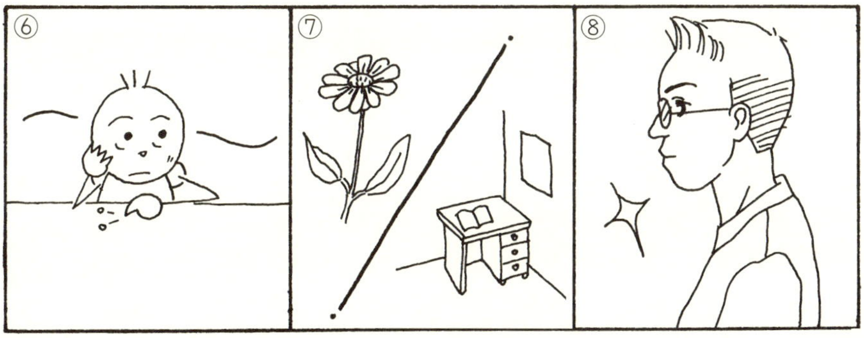

II. いけいようし

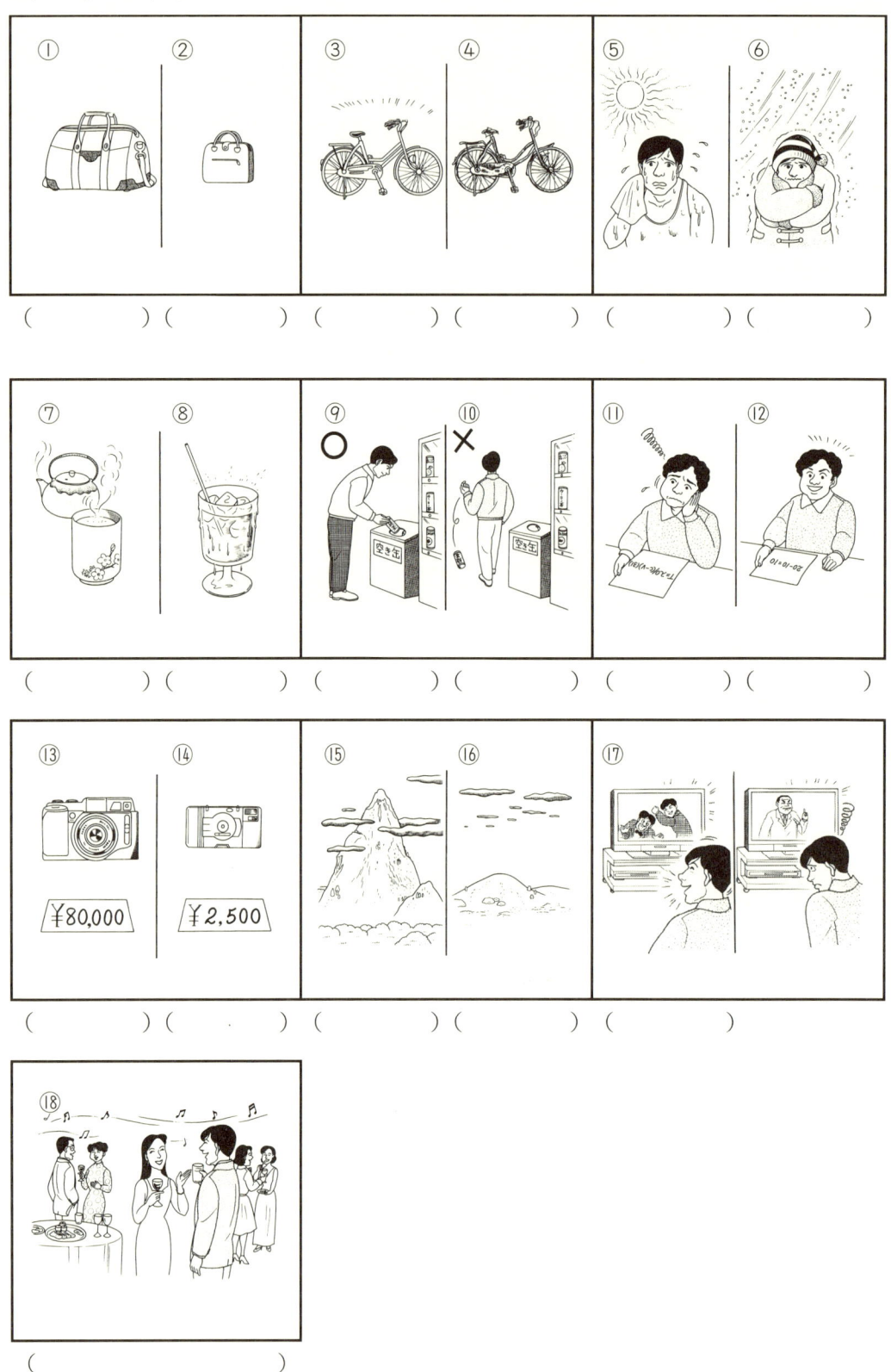

①　②　（　　　　　）（　　　　　）
③　④　（　　　　　）（　　　　　）
⑤　⑥　（　　　　　）（　　　　　）

⑦　⑧　（　　　　　）（　　　　　）
⑨　⑩　（　　　　　）（　　　　　）
⑪　⑫　（　　　　　）（　　　　　）

⑬　⑭　（　　　　　）（　　　　　）
⑮　⑯　（　　　　　）（　　　　　）
⑰　（　　　　　）

⑱　（　　　　　）

## 8課 2　形容詞の整理

ハンサム，おおきい，ひま，いい，たかい，にぎやか，
やすい，しんせつ，おいしい，おもしろい，しずか，さむい，わるい，
ふるい，むずかしい，すてき，あつい，つめたい，ゆうめい，あたらしい，
べんり，いそがしい，ひくい，きれい，ちいさい

| なけいようし | いけいようし |
|---|---|
| れい：ハンサム | れい：おおきい |

## 8課 3　形容詞の否定形

| | | |
|---|---|---|
| な<br>け<br>い<br>よ<br>う<br>し | げんきです | げんきじゃ　ありません |
| | べんりです | |
| | きれいです | |
| | ひまです | |
| い<br>け<br>い<br>よ<br>う<br>し | あついです | あつくないです |
| | さむいです | |
| | いそがしいです | |
| | いいです | |

れい：（　わたしの　）
　　　（　しろい　）　}はな
　　　（　きれいな　）

1.　（　　　　　）
　　（　　　　　）}えいが
　　（　　　　　）

2.　（　　　　　）
　　（　　　　　）}ともだち
　　（　　　　　）

3.　（　　　　　）
　　（　　　　　）}くに
　　（　　　　　）

れい：A：にほんごは　おもしろいですか。　　B：┌ はい、にほんごです。
　　　　　　　　　　　　　　　　　　　　　　　└ (はい、おもしろいです。)

1. きょうとは ┌ きれいな ┐ まちです。
　　　　　　　└ きれい　 ┘

2. これは ┌ あたらしいの ┐ ほんです。
　　　　　└ あたらしい　 ┘

3. A：あなたの　へやは　きれいですか。

　　B：いいえ、┌ きれくないです。
　　　　　　　└ きれいじゃ　ありません。

4. A：あなたの　かばんは　おおきいですか。

　　B：いいえ、┌ おおきくないです。
　　　　　　　└ おおきいくないです。

5. ここは　あまり ┌ べんりじゃ　ありません。
　　　　　　　　 └ べんりです。

6. A：この　ケータイは　どうですか。　B：┌ とても ┐ いいです。
　　　　　　　　　　　　　　　　　　　　└ あまり ┘

7. A：ワットさんは ┌ どんな ┐ せんせいですか。
　　　　　　　　　└ どう　 ┘

　　B：しんせつな　せんせいです。

8. しごとは ┌ どんな ┐ ですか。　B：いそがしいです。
　　　　　　└ どう　 ┘

9. やまださんは　しんせつです。┌ そして、┐ おもしろいです。
　　　　　　　　　　　　　　　└ と　　 ┘

10. にほんの　たべものは ┌ たかいです。そして、┐ おいしいです。
　　　　　　　　　　　　 └ たかいですが、　　 ┘

Ⅰ.

れい：グプタさんは　コーヒーが　すきです。

① グプタさんは_____

②_____

③_____

④_____

Ⅱ．あなたは　どうですか。

わたしは＿＿＿＿＿＿＿＿が　すきです。

＿＿＿＿＿＿＿＿＿＿＿　すきじゃ　ありません。

＿＿＿＿＿＿＿＿＿＿＿　じょうずじゃ　ありません。

＿＿＿＿＿＿＿＿＿＿＿　わかります。

＿＿＿＿＿＿＿＿＿＿＿　わかりません。

＿＿＿＿＿＿＿＿＿＿＿　あります。

＿＿＿＿＿＿＿＿＿＿＿　ありません。

# 9課2　副詞の整理

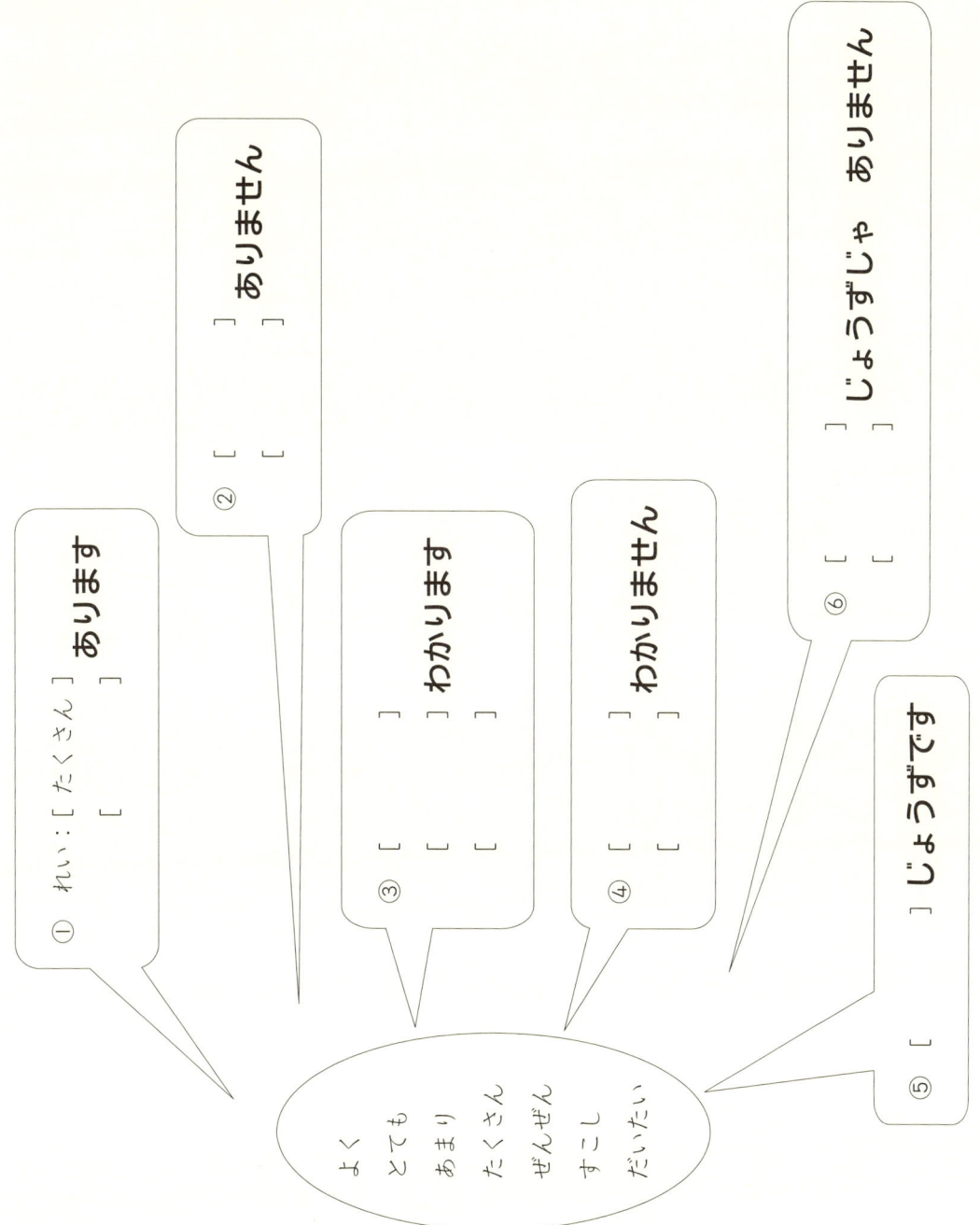

① れい：[たくさん] あります

② ありません

③ わかります

④ わかりません

⑤ じょうずです

⑥ じょうずじゃ ありません

よく
とても
あまり
たくさん
ぜんぜん
すこし
だいたい

**9**課**3**　　〜から、〜

れい：（きらいです）

　　わたしは　たばこが　きらいですから、すいません。

1. （へたです）

　　_____

2. （じかんが　ありません）

　　_____

3. （きのう　ようじが　ありました）

　　_____


**9**課**4**　　〜から／〜が

れい：わたしは　スポーツが　きらいですから、ぜんぜん　しません。

　　　わたしは　スポーツが　きらいですが、ときどき　テレビで　みます。

1. わたしは　おかねが　ありませんから、_____

　　わたしは　おかねが　ありませんが、_____

2. パソコンは　べんりですから、_____

　　パソコンは　べんりですが、_____

3. _____から、いつも　この　みせで　かいます。

4. _____が、どこも　いきません。

1. わたしは　ビールが　┌ すきくないです。
　　　　　　　　　　　　└ すきじゃ　ありません。

2. きょうは　しゅくだいが　┌ だいたい ┐ あります。
　　　　　　　　　　　　　　└ たくさん ┘

3. ひらがなが　┌ よく　　┐ わかります。
　　　　　　　　└ ぜんぜん ┘

4. にほんごが　┌ すこし ┐ じょうずじゃ　ありません。
　　　　　　　　└ あまり ┘

5. A：┌ どうして ┐ スポーツが　すきですか。
　　　└ どんな　 ┘

　　B：やきゅうが　すきです。

6. A：┌ どうして ┐ にくを　たべませんか。
　　　└ どんな　 ┘

　　B：にくが　すきじゃ　ありませんから。

7. A：どうして　テニスを　しませんか。

　　B：┌ じかんが　ありませんでしたから。
　　　　└ じかんが　ありませんから。

8. A：┌ 10じですから、┐ はやく　うちへ　かえりましょう。
　　　└ 10じから　　　┘

9. おかね ┌ が ┐ ありません。
　　　　　└ を ┘

10. やさいが　きらいです ┌ が、　┐ たべません。
　　　　　　　　　　　　　└ から、┘

# まとめ　疑問詞の整理（9課まで）

1.　なに，なん

れい：これは　[　なん　]　ですか。…ほんです。

1）これは　[　　　　　　　　　]　の　CD ですか。…にほんごの　CD です。

2）まいあさ　[　　　　　　　　]　を　のみますか。…コーヒーを　のみます。

3）がっこうへ　[　　　　　　]　で　いきますか。…でんしゃで　いきます。

4）パワーでんきは　[　　　　　　　　]　の　かいしゃですか。

　　…コンピューターの　かいしゃです。


2.　なんさい，なんばん，なんがい，なんようび，なんじ，なんがつ，なんにち

1）きょうは　[　　　　　　　　]　ですか。…すいようびです。

2）いま　[　　　　　　　]　ですか。…8じです。

3）テレーザちゃんは　[　　　　　　　]　ですか。…9さいです。

4）でんわばんごうは　[　　　　　　　]　ですか。…872の　6813です。

5）たんじょうびは　[　　　　　]　[　　　　　　　]　ですか。

　　…2がつ18にちです。

6）かいぎしつは　[　　　　　　]　ですか。…3がいです。


3.　どんな，どう，どうして，どこ，どなた

1）あの　かたは　[　　　　　　　]　ですか。…ワンさんです。

2）ワンさんは　[　　　　　　　]　ひとですか。…げんきな　ひとです。

3）[　　　　　　　]　あの　みせで　かいますか。…やすいですから。

4）これは　[　　　　　　　]　のネクタイですか。…イタリアのです。

5）[　　　　　　]　のみものが　すきですか。…こうちゃが　すきです。

6）かいしゃは　[　　　　　　]　ですか。…とうきょうコンピューターです。

7）おしごとは　[　　　　　　]　ですか。…おもしろいです。

8）[　　　　　]　にくを　たべませんか。…あまり　すきじゃ　ありませんから。

4. いくら, いつ, おいくつ

1) グプタさんは [              ] ですか。…42さいです。

2) [              ] きょうとへ いきますか。…らいしゅう いきます。

3) すみません、このワインは [              ] ですか。…1,800えんです。

4) [              ] くにへ かえりますか。…6がつに かえります。

# 10課1 あります／います

I.

> いぬ, ねこ, ほん, えき, トイレ, ひと,
> でんわ, がっこう, こども, せんせい, でんち,
> コンピューター, かいしゃいん, おとこの こ, き

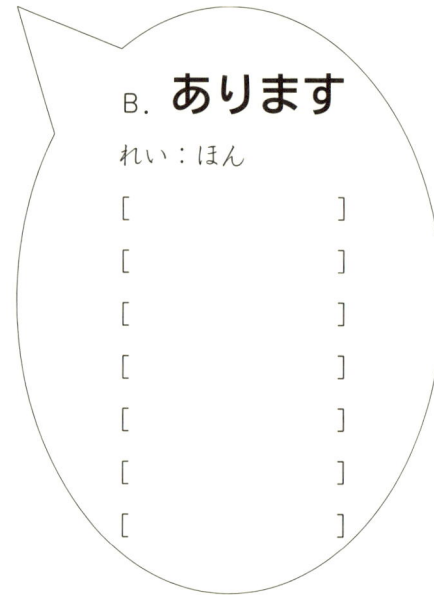

A. **います**

れい：いぬ

[          ]
[          ]
[          ]
[          ]
[          ]
[          ]

B. **あります**

れい：ほん

[          ]
[          ]
[          ]
[          ]
[          ]
[          ]
[          ]

II. A：いぬが　います。

_____

_____

_____

B：ほんが　あります。

_____

_____

_____

うえ，した，まえ，うしろ，なか，そと，みぎ，ひだり，あいだ

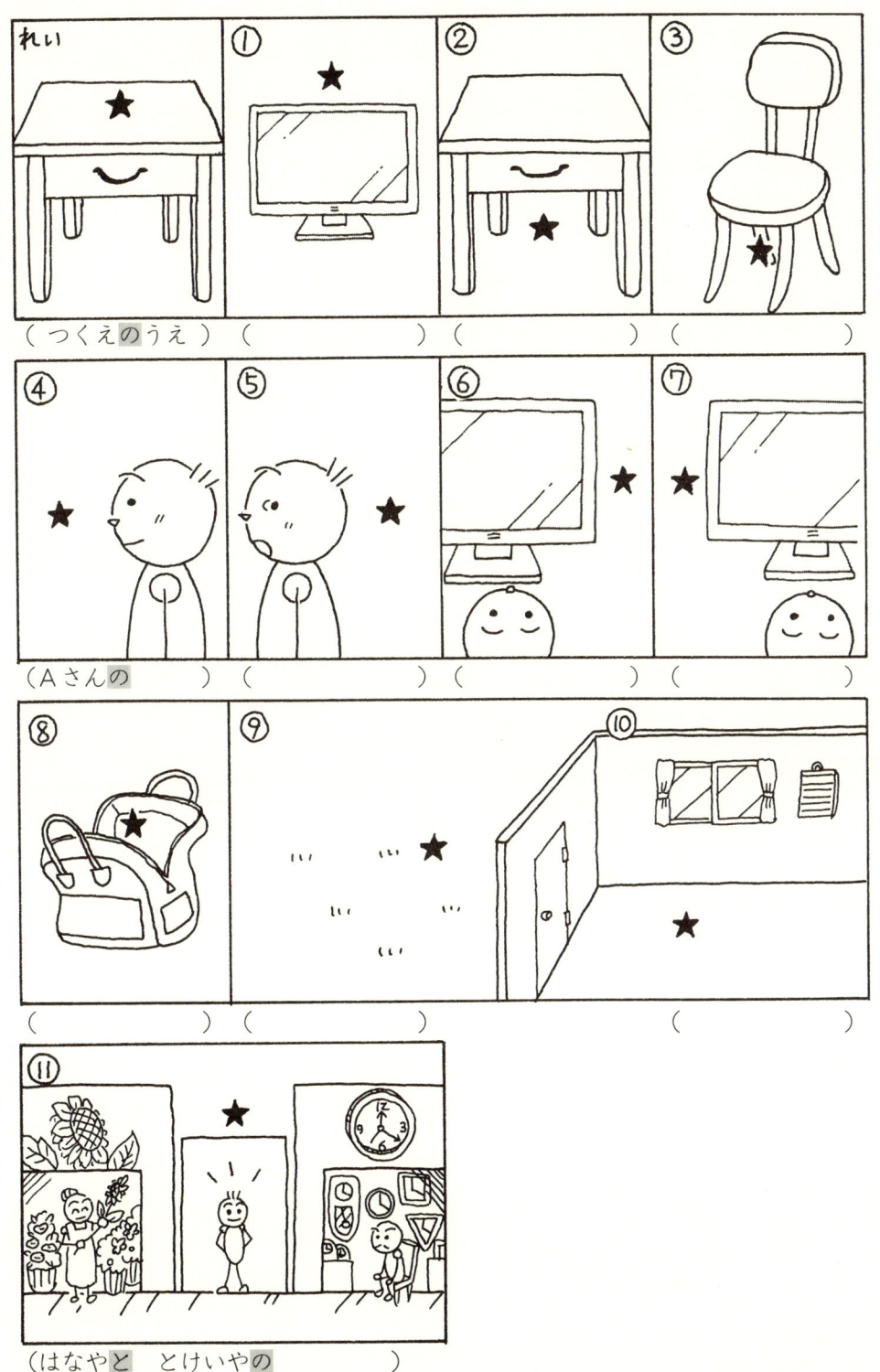

れい
（つくえのうえ）

①（　　　　　　）

②（　　　　　　）

③（　　　　　　）

④（Aさんの　　）

⑤（　　　　　　）

⑥（　　　　　　）

⑦（　　　　　　）

⑧（　　　　　　）

⑨（　　　　　　）

⑩（　　　　　　）

⑪（はなやと　とけいやの　　　　）

45

## 10課3 ～は ［場所］ にあります／～は ［場所］ です

れい：（テレビ） テレビは　どこに　ありますか。

　　　…れいぞうこの　ひだりに　あります。

① （ほん） _____

　 … _____

② （いぬ） _____

　 … _____

③ （ねこ） _____

　 … _____

④ （でんきの　スイッチ） _____

　 … _____


## 10課4 ［場所］ に～があります／います

あなたの　へやに　なにが　ありますか。

れい：わたしの　へやに　テーブルが　あります。テーブルの　うえに　とけいが

　　　あります。

_____

_____

_____

_____

_____

46

**[場所] へ／で／に～ます**

たべます, はたらきます, いきます, べんきょうします,
かえります, やすみます, います, かいます, みます,
あります, きます

| 1. ～で |
|---|
| れい：たべます |
| [          ] |
| [          ] |
| [          ] |
| [          ] |
| [          ] |

れい：レストランで　ひるごはんを　たべます。

_____

_____

_____

_____

_____

| 2. ～へ |
|---|
| [          ] |
| [          ] |
| [          ] |

_____

_____

_____

| 3. ～に |
|---|
| [          ] |
| [          ] |

_____

_____

 **文法チェックシート**

1. いぬが ┌ あります。
         └ います。

2. A：だれが いますか。　B：┌ だれが ┐ いません。
                            └ だれも ┘

3. A：スーパーの まえに なにが ありますか。

   B：なにも ┌ あります。
            └ ありません。

4. うちの ちかく ┌ で ┐ ほんやが あります。
                └ に ┘

5. うちの ちかく ┌ で ┐ ともだちに あいました。
                └ に ┘

6. ノートは かばん ┌ の ┐ なかに あります。
                  └ と ┘

7. A：せんせい ┌ は ┐ どこ ┌ で ┐ いますか。
             └ が ┘      └ に ┘

   B：じむしょに います。

8. れいぞうこの なかに たまご ┌ と ┐ にくなどが あります。
                            └ や ┘

9. ほんやは スーパーと ぎんこう ┌ の ┐ あいだに あります。
                              └ と ┘

**11課1　助数詞**

|  |  |  |  |  |
|---|---|---|---|---|
| 1 | ひとつ |  | いちまい |  |
| 2 |  |  |  | にだい |
| 3 |  | さんにん | さんまい |  |
| 4 |  |  |  | よんだい |
| 5 |  | ごにん | ごまい |  |
| 6 |  | ろくにん |  | ろくだい |
| 7 | ななつ | ／ | ななまい | ななだい |
| 8 |  | はちにん |  | はちだい |
| 9 |  |  | きゅうまい |  |
| 10 |  | じゅうにん | じゅうまい |  |
| ? |  | なんにん |  |  |

49

# 11課2　～を／が［助数詞］～ます

例：

（食べました）

りんごをひとつ食べました。

①

（います）

②

（買いました）

③
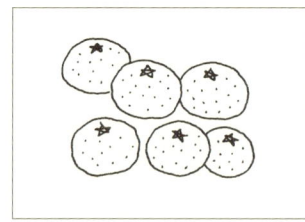

（もらいました）

④
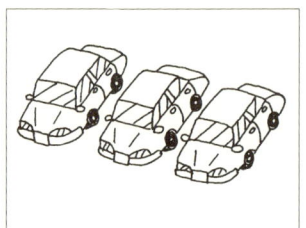

（あります）

⑤

（撮りました）

⑥

（あります）

2階に

⑦

（います）

## 11課3  ～を［助数詞］～ます

Sale!

| りんご | アイスクリーム | シャツ | けしゴム |
|---|---|---|---|
| ¥150 | ¥120 | ¥880 | ¥80 |
| みかん | パン | チョコレート | でんち |
| ¥35 | ¥110 | ¥200 | ¥190 |

１．全部で1,000円

| 物の名前 | いくら | いくつ | いくら |
|---|---|---|---|
| 例：りんご | 150円 | ふたつ | 300円 |
|  |  |  |  |
|  |  |  |  |
|  |  |  |  |
| 全部で |  |  | 1,000円 |

２．あなたは何を買いますか。

例：わたしは（150）円の（りんご）を（ふたつ）買います。

（　　　　）円の（　　　　）を（　　　　）買います。

_____

_____ 全部で 1,000 円です。

## 11課4  時間／期間

質問文と答えを作りましょう。

Make up questions and their answers.

问答句造句练习。

질문과 답을 만들어 봅시다.

例：朝テレビを30分見ます。夜1時間半見ます。全部で何時間見ますか。

……答え（2時間）

_____

_____

……答え（　　　　）

51

# 11課5 ～に～回

例：１時間に（１）回→わたしは１時間に１回お茶を飲みます。

１．１日に　　（　　）回→＿＿＿＿＿＿＿＿＿＿＿＿＿＿＿＿＿＿＿

２．１週間に（　　）回→＿＿＿＿＿＿＿＿＿＿＿＿＿＿＿＿＿＿＿

３．１か月に（　　）回→＿＿＿＿＿＿＿＿＿＿＿＿＿＿＿＿＿＿＿

４．１年に　　（　　）回→＿＿＿＿＿＿＿＿＿＿＿＿＿＿＿＿＿＿＿

５．（　　）に（　　）回→＿＿＿＿＿＿＿＿＿＿＿＿＿＿＿＿＿＿＿

# 11課6 分・時間・日・週間・か月・年

A.

例：（１・12）……………１年は12か月です。

１．（１・７）……………＿＿＿＿＿＿＿＿＿＿＿＿＿＿＿＿＿＿

２．（１・24）……………＿＿＿＿＿＿＿＿＿＿＿＿＿＿＿＿＿＿

B. 例：（30）……………うちから会社まで30分かかります。

　　……………毎晩30分ぐらい勉強します。

１．（　　　）……………＿＿＿＿＿＿＿＿＿＿＿＿＿＿＿＿＿＿

２．（　　　）……………＿＿＿＿＿＿＿＿＿＿＿＿＿＿＿＿＿＿

 **文法チェックシート** 　　　　　　　　　/10

1. りんごが ⎡ ひとり ⎤ あります。
　　　　　 ⎣ ひとつ ⎦

2. シャツが ⎡ いちまい ⎤ あります。
　　　　　 ⎣ いちだい ⎦

3. 家族(かぞく)は ⎡ 全部(ぜんぶ)で ⎤ 元気(げんき)です。
　　　　　　　　 ⎣ みんな ⎦

4. 家族(かぞく)は ⎡ 全部(ぜんぶ)で ⎤ 4人(にん)です。
　　　　　　　　 ⎣ みんな ⎦

5. 日本(にほん)に ⎡ 7か月(げつ) ⎤ います。
　　　　　　　 ⎣ 7月(がつ) ⎦

6. ⎡ 2時間半(じかんはん) ⎤ かかります。
　 ⎣ 2時半(じはん) ⎦

7. 外国人(がいこくじん)の学生(がくせい)が ⎡ 2人(ふたり) ⎤ います。
　　　　　　　　　　　　　　　　　 ⎣ 2人(ふたり)が ⎦

8. A: ⎡ いくら ⎤ ありますか。　　B: 10(とお)あります。
　　　 ⎣ いくつ ⎦

9. 1か月(げつ) ⎡ に ⎤ 1回映画(かいえいが)を見(み)ます。
　　　　　　 ⎣ で ⎦

10. 用事(ようじ)がありますから、会社(かいしゃ) ⎡ で ⎤ 休(やす)みます。
　　　　　　　　　　　　　　　　　　　 ⎣ を ⎦

ハンサム，ちいさい，きれい，あつい，

たかい，げんき，ゆうめい，むずかしい，

じょうず，へた，いい，はやい，しんせつ，

すてき，おいしい，ひま，べんり，ちかい，

にぎやか，きらい，おそい，いそがしい，

たのしい，かんたん，すずしい，すき，

おもしろい，おもい，しずか，からい

な形容詞 (けいようし)

例 (れい)：ハンサム

い形容詞 (けいようし)

例 (れい)：ちいさい

# 12課2  い形容詞 [かった / くなかった] です ／ な形容詞 [でした] 名詞 [じゃありませんでした]

Ⅰ.

| | | | |
|---|---|---|---|
| 例：高いです | 高くないです | 高かったです | 高くなかったです |
| | おいしくないです | | |
| | | 忙しかったです | |
| | | | よくなかったです |
| 例：元気です | 元気じゃありません | 元気でした | 元気じゃありませんでした |
| | 暇じゃありません | | |
| | | きれいでした | |
| | | | 雨じゃありませんでした |

Ⅱ.

例：日曜日秋葉原へ行きました。秋葉原は店が多かったです。

　　そして、とてもにぎやかでした。……

1. わたしはきのう暇＿＿＿＿＿＿＿＿＿から、テレビを＿＿＿＿＿＿＿＿＿＿

　　テレビはあまり＿＿＿＿＿＿＿＿＿＿＿＿＿＿＿＿＿＿

2. わたしは先週の日曜日＿＿＿＿＿＿＿＿＿＿＿＿＿＿＿＿

　　＿＿＿＿＿＿＿＿＿＿＿＿＿＿＿＿＿＿＿＿＿＿＿＿＿

　　＿＿＿＿＿＿＿＿＿＿＿＿＿＿＿＿＿＿＿＿＿＿＿＿＿

# 12課3 ～は～より／いちばん

I. 冷蔵庫がいちばん重いです。

ラジオはパソコンより軽いです。

パソコンはテレビより軽いです。

ラジオはカメラより重いです。

| 冷蔵庫 |
| --- |
| ラジオ |
| テレビ |
| カメラ |
| パソコン |

重い

| ① | |
| --- | --- |
| ② | |
| ③ | パソコン |
| ④ | |
| ⑤ | |

軽い

II.

| 国の名前 | 牛乳（$/1ℓ） |
| --- | --- |
| フランス | 1.80 |
| アメリカ | 0.96 |
| インド | 0.46 |
| オーストラリア | 1.65 |
| 日本 | 2.06 |

例：この中でインドの牛乳がいちばん安いです。

1. この中で（　　　　　　　　　）がいちばん高いです。

2. フランスの牛乳は（　　　　　　　　　）より安いです。

3. アメリカの牛乳は（　　　　　　　　　）より（　　　　　　　　　）です。

4. オーストラリアの牛乳は（　　　　　　　　　）より高いですが、

（　　　　　　　　　）より安いです。

1. きのうは雨 ⎡ かったです。
　　　　　　 ⎣ でした。

2. きのうのパーティーは ⎡ おもしろいかった ⎤ です。
　　　　　　　　　　　　 ⎣ おもしろかった　 ⎦

3. 夏と冬と ⎡ いつ　　⎤ が好きですか。
　　　　　 ⎣ どちら ⎦

4. ホンコンとシンガポールと ⎡ どちら ⎤ が暖かいですか。
　　　　　　　　　　　　　　⎣ どこ　 ⎦

5. 世界で ⎡ どちら ⎤ がいちばん人が多いですか。
　　　　 ⎣ どこ　 ⎦

6. 中国は日本 ⎡ より ⎤ 大きいです。
　　　　　　 ⎣ ほう ⎦

7. A：コーヒーと紅茶とどちらが好きですか。

　　B： ⎡ どちらも ⎤ 好きです。
　　　　⎣ どちらが ⎦

8. A：海と山 ⎡ と ⎤ どちらが好きですか。　B：海のほうが好きです。
　　　　　　⎣ も ⎦

9. この教室 ⎡ で ⎤ だれ ⎡ を ⎤ いちばん元気ですか。
　　　　　 ⎣ に ⎦　　　⎣ が ⎦

# 13課1 ～が欲しいです

何<ruby>なに</ruby>が欲<ruby>ほ</ruby>しいですか。
例<ruby>れい</ruby>：わたしはカメラが欲<ruby>ほ</ruby>しいです。

① _____
② _____
③ _____

# 13課2 ～たい・～たくない

I.

| 例：勉強します | 勉強したいです | 勉強したくないです |
|---|---|---|
| 食べます | | |
| 帰ります | | |
| 見ます | | |
| 泳ぎます | | |
| 行きます | | |
| 遊びます | | |
| 買い物します | | |

II. 休みに何をしたいですか。

例：わたしは休みに京都へ行きたいです。京都のお酒を飲みたいです。
　　そして、花見をしたいです。桜の写真を撮りたいです。

わたしは _____

_____

_____

# 13課3 ～から、～たいです／～たくないです

れい1：(のどがかわきました)

　…のどがかわきましたから、何か飲みたいです。

れい2：(昼ごはんをたくさん食べました)

　…昼ごはんをたくさん食べましたから、今何も食べたくないです。

1. (疲れました)

　疲れましたから、＿＿＿＿＿＿＿＿＿＿＿＿

　＿＿＿＿＿＿＿＿＿＿＿＿＿＿＿＿＿＿＿

2. (暑いです)

　＿＿＿＿＿＿＿＿＿＿＿＿＿＿＿＿＿＿＿

　＿＿＿＿＿＿＿＿＿＿＿＿＿＿＿＿＿＿＿

3. (休みです)

　＿＿＿＿＿＿＿＿＿＿＿＿＿＿＿＿＿＿＿

　＿＿＿＿＿＿＿＿＿＿＿＿＿＿＿＿＿＿＿

# 13課4 ［場所］へ～に行きます／来ます

れい：公園　　公園へ遊びに行きます。

1. スーパー ＿＿＿＿＿＿＿＿＿＿＿＿＿＿＿＿＿＿

2. 海 ＿＿＿＿＿＿＿＿＿＿＿＿＿＿＿＿＿＿＿

3. 日本 ＿＿＿＿＿＿＿＿＿＿＿＿＿＿＿＿＿＿＿

＿＿＿＿＿＿＿＿＿＿＿＿＿＿＿＿＿＿＿

I.

例：きのう10時に寝ました。

1. 友達に手紙を書きます。

2. 事務所にいます。

3. 1日に3回ごはんを食べます。

4. 喫茶店へコーヒーを飲みに行きます。

A. 日本へ勉強に来ました。

B. 1か月に1回映画を見ます。

C. 来年の4月にアメリカへ行きます。

D. 家族に電話をかけます。

E. レストランにワットさんがいます。

II.「～に」の文を書きましょう。

例：わたしは今東京にいます。

1. わたしは（　　）時に＿＿＿＿＿＿＿＿＿

2. わたしは家族に＿＿＿＿＿＿＿＿＿

3. 先生は1週間に＿＿＿＿＿＿＿＿＿

4. わたしは来週花見に＿＿＿＿＿＿＿＿＿

5. 先生は今（　　）にいます。

60

1. テレビを ［ 見また い / 見たい ］ です。

2. 疲れましたから、どこも ［ 行きたい / 行きたくない ］ です。

3. A：日本へ ［ なに / なん ］ の勉強に来ましたか。

　　B：美術の勉強に来きました。

4. A：何 ［ か / が ］ 飲みたいですね。

　　B：ええ、何 ［ か / が ］ 飲みたいですか。

　　A：ジュースを飲みたいです。

5. A：週末は ［ どこか / どこへ ］ 行きましたか。

　　B：いいえ。［ どこか / どこも ］ 行きませんでした。

6. わたしはカメラ ［ を / が ］ 欲しいです。

7. 図書館 ［ へ / で ］ 本を借り ［ へ / に ］ 行きます。

61

| Iグループ | IIグループ | IIIグループ |
|---|---|---|
| [ i ] ます | [ e ] ます | [ します ] |

**Iグループ（[ i ] ます）**

- か　き ます
- き　き ます
- はたら　き ます
- およ　ぎ ます
- いそ　ぎ ます
- の　み ます
- よ　み ます
- やす　み ます
- あそ　び ます
- よ　び ます
- と　り ます
- き　り ます
- かえ　り ます
- おわ　り ます
- おく　り ます
- わか　り ます
- かか　り ます
- はい　り ます
- ま　ち ます
- も　ち ます
- か　い ます
- す　い ます
- あら　い ます
- なら　い ます
- も　い ます
- か　し ます
- はな　し ます

**IIグループ（[ e ] ます）**

- ね ます
- で ます
- た　べ ます
- あ　げ ます
- か　け ます
- つ　け ます
- あ　け ます
- み　せ ます
- お　え ます
- し　え ます
- む　め ます
- つ　め ます
- し　と

**IIグループ（[ i ] ます）**

- み ます
- い ます
- き ます
- お　き ます
- か
- おり ます（16課）
- あび ます（16課）
- でき ます（18課）
- た　り ます（25課）

**IIIグループ（[ します ]）**

- べんきょう します
- けっこん します
- かいもの します
- しょくじ します
- さんぽ します
- コピー します

**IIIグループ（[ きます ]）**

- もってきます（17課）
- つれてきます（24課）

# 14課1　動詞グループ分け

Iグループ
例：はたらきます

IIグループ

IIIグループ

はたらきます、おきます、ねます、いきます、
べんきょうします、きます、たべます、
のみます、みます、よみます、かきます、
かいます、します、かします、かります、
わかります、あります、います、あそびます、
およぎます、ごます、かいものします、
つけます、けします、あけます、しめます、
もちます、まちます、とめます、もらます、
とります、てつだいます、よびます、
はなします、みせます、おしえます、
コピーします

63

**14課2  て形の作り方**

（　　　　）にひらがなを書きましょう。

| | | | て形 |
|---|---|---|---|
| Iグループ | かきます ⇨ か いて | | き ⇨ （ いて ） |
| | *いきます ⇨ い って | | |
| | いそぎます ⇨いそ いで | | ぎ ⇨ （　　　） |
| | のみます ⇨ の んで | | み ⎱ ⇨ （　　　） |
| | よびます ⇨ よ んで | | び ⎰ |
| | とります ⇨ と って | | り ⎫ |
| | あいます ⇨ あ って | | い ⎬ ⇨ （　　　） |
| | まちます ⇨ ま って | | ち ⎭ |
| | けします ⇨ け して | | し ⇨ （　　　） |
| IIグループ | たべます ⇨ たべ て | | |
| | ねます ⇨ ね て | | |
| | *みます ⇨ み て | | ます ⇨ （ て ） |
| | *います ⇨ い て | | |
| | *おきます ⇨ おき て | | |
| | *かります ⇨ かり て | | |
| IIIグループ | します ⇨ し て | | ます ⇨ （　　　） |
| | きます ⇨ き て | | ます ⇨ （　　　） |

# 14課3 て形の練習

| Ⅰ グループ | | Ⅱ グループ | |
|---|---|---|---|
| 書きます | 書いて | 食べます | 食べて |
| 聞きます | | 寝ます | |
| *行きます | | 教えます | |
| 急ぎます | | 見せます | |
| 泳ぎます | | 開けます | |
| 飲みます | | 閉めます | |
| 読みます | | つけます | |
| 休みます | | *見ます | |
| 呼びます | | *います | |
| 遊びます | | *起きます | |
| 帰ります | | *借ります | |
| 取ります | | | |
| かかります | | | |
| 買います | | Ⅲ グループ | |
| 会います | | します | |
| 習います | | 勉強します | |
| 持ちます | | 散歩します | |
| 待ちます | | 買い物します | |
| 話します | | 食事します | |
| 消します | | 来ます | |

# 14課4 　～てくださいの整理

「～てください」を書きましょう。

1. 頼む　Asking　委托、拜托、托付　부탁하다

「すみませんが、この荷物を持ってください。

…ええ、いいですよ。

_____

…ええ、いいですよ。

2. 指示する　Instructing　指示、命令　지시하다

「パスポートを見せてください。

…はい、わかりました。

_____

…はい、わかりました。

3. 勧める　Offering　劝(酒)、让(菜、茶)　권하다

「どうぞたくさん食べてください。

…ありがとうございます。

_____

…ありがとうございます。

# 14課5 ～ています

I. 教室で何をしていますか。

例：先生は今ひらがなを教えています。

1. Aさんは＿＿＿＿＿＿＿＿＿＿＿＿＿＿＿＿＿＿＿＿＿＿＿＿＿

2. Bさんは＿＿＿＿＿＿＿＿＿＿＿＿＿＿＿＿＿＿＿＿＿＿＿＿＿

3. Cさん＿＿＿＿＿＿＿＿＿＿＿＿＿＿＿＿＿＿＿＿＿＿＿＿＿＿

4. Dさん＿＿＿＿＿＿＿＿＿＿＿＿＿＿＿＿＿＿＿＿＿＿＿＿＿＿

5. 雨が＿＿＿＿＿＿＿＿＿＿＿＿＿＿＿＿＿＿＿＿＿＿＿＿＿＿＿


II. ～ています／～ていません

例：今雨が降っていますか。

　　…はい、降っています。

　　…いいえ、降っていません。

1. 今ラジオを聞いていますか。　　…いいえ、＿＿＿＿＿＿＿＿＿＿＿

2. 今勉強していますか。　　　　　…はい、＿＿＿＿＿＿＿＿＿＿＿＿＿

3. 今何か食べていますか。　　　　…いいえ、＿＿＿＿＿＿＿＿＿＿＿

# 14課6  文法チェックシート

/10

1. 事務所へ ［ きて / きいて / きって ］ ください。

2. すぐ病院へ ［ いって / いいて / いて ］ ください。

3. 手紙を ［ かって / かけて / かいて ］ います。

4. ジュースを ［ のんで / のみて / のって ］ います。

5. エアコンを ［ つけて / あけて ］ ください。

6. 窓を ［ けして / しめて ］ ください。

7. ［ すぐ / だいたい ］ 来てください。

8. 花屋の前 ［ へ / で ］ 止めてください。

9. 雨 ［ が / を ］ 降っています。

10. 駅 ［ まで / で ］ 迎えに行きます。

68

（6じに）おきます，ねます，はたらきます，やすみます，べんきょうします，
いきます，きます，かえります，のみます，みます，ききます，よみます，
かきます，とります，します，あいます，かします，かります，おしえます，
います，あそびます，およぎます，はいります，しょくじします，つけます，
けします，あけます，しめます，いそぎます，まちます，もちます，よびます，
はなします，みせます，コピーします，すわります，つかいます，
（ほんを）おきます

Ⅰグループ
例：かいて

いて

Ⅰグループ

って

Ⅱグループ

て

Ⅰグループ

いで

Ⅰグループ

して

Ⅰグループ

んで

Ⅲグループ

して　　　　て

# 15課2 ～てもいいですか

借ります
もらいます
使います
見ます
します

例：地図をもらってもいいですか。
　　地図を借りてもいいですか。

① _____

② _____

③ _____

④ _____


# 15課3 ～てはいけません

| 例 | | たばこを吸ってはいけません。 |
|---|---|---|
| ① | | |
| ② | | 犬といっしょに |
| ③ | | |
| ④ | | |
| ⑤ | | |

# 15課4　～ています

知っています，作っています，売っています

例：わたしは日本の会社の名前を（　　3つ　）知っています。

　　AとBとCです。Aはカメラを作っています。Bは食べ物や飲み物を売っています。

　　Cは…

　　わたしは日本の会社の名前を（　　　　　　　　）知っています。

_____

_____

_____

# 15課5　わたしの家族

例：わたしの家族は4人です。インドネシアのバンドンに住んでいます。父は銀行で働い

　　ています。

　　わたしの家族は＿＿＿＿＿＿＿＿＿＿＿＿＿＿＿＿＿＿人です。

　　＿＿＿＿＿＿＿＿＿＿＿＿＿＿＿＿＿＿＿＿に住んでいます。

　　兄弟は＿＿＿＿＿＿＿＿＿＿＿＿＿＿＿＿＿＿＿人です。

_____

_____

_____

# 15課6 文法チェックシート

/10

1. ここに荷物を ⌈ おきて ⌋ ⌊ おいて ⌋ ください。

2. この辞書を ⌈ 借りても ⌋ ⌊ 借りては ⌋ いいですか。

3. ここでたばこを ⌈ 吸っても ⌋ ⌊ 吸っては ⌋ いけません。

4. A：学校の電話番号を ⌈ 知っていますか。 ⌋ ⌊ 知ていますか。 ⌋

　　B：いいえ、⌈ 知っていません。 ⌋ ⌊ 知りません。 ⌋

5. A：リンさんは結婚していますか。

　　B：はい、先月 ⌈ 結婚しています。 ⌋ ⌊ 結婚しました。 ⌋

6. この図書館はIMCのコンピューターソフトを ⌈ つくって ⌋ ⌊ つかって ⌋ います。

7. わたしは車を ⌈ 持っています。 ⌋ ⌊ あります。 ⌋

8. ごはんを食べます。はし ⌈ で ⌋ ⌊ を ⌋ 使います。

9. 大阪 ⌈ に ⌋ ⌊ で ⌋ 住んでいます。

| あ | て形(けい) | ～ます | |
|---|---|---|---|
| 例(れい)： | あけて | あけます | Ⅱ |
| | あげて | | |
| | あそんで | | |
| | (友達(ともだち)に)あって | | |
| | (お金(かね)が)あって | | |
| | あびて | | |
| | あるいて(23課(か)) | あるきます | Ⅰ |

| か | て形(けい) | ～ます | |
|---|---|---|---|
| | かいて | | |
| | かえって | | |
| | かけて | | |
| | かして | | |
| | かって | | |
| | かりて | | |

| い | て形(けい) | ～ます | |
|---|---|---|---|
| | (東京(とうきょう)へ)いって | | |
| | (名前(なまえ)を)いって(21課(か)) | いいます | Ⅰ |
| | いて | | |
| | いれて | | |

| き | て形(けい) | ～ます | |
|---|---|---|---|
| | きいて | | |
| | きって | | |
| | きて | | |
| | きをつけて(21課(か)) | きをつけます | Ⅱ |

| お | て形(けい) | ～ます | |
|---|---|---|---|
| | おいて | | |
| | おきて | | |
| | おくって | | |
| | おしえて | | |
| | およいで | | |
| | おりて | | |
| | おわって | | |

| し | て形(けい) | ～ます | |
|---|---|---|---|
| | しって | | |
| | して | | |
| | しめて | | |
| | しゅうりして(20課(か)) | しゅうりします | Ⅲ |
| | しょくじして | | |

# 16課2 ～て、～て、～ます

れい：テレビを見て、本を読んで、寝ます。

① _____

② _____

③ _____

# 16課3 交通の経路

Ⅰ．どうやって行きますか。

れい：うちから駅までバスで行って、地下鉄に乗って、品川
　　　で降ります。

①うちから駅まで _____

_____

_____

② _____

_____

_____

Ⅱ．あなたのうちから学校（会社）までどうやって行きますか。

_____

## 16課4 ～てから、～

I.

例:

<u>いつも</u>シャワーを浴び<u>てから</u>、食事しますが、

<u>時々</u>食事し<u>てから</u>、シャワーを浴びます。

①

いつも _____ が、

時々 _____

② 

いつも _____

_____

II.

例: <u>今晩食事が終わってから</u>、映画を見に行きます。

1. きょう勉強が終わってから、_____ 。

2. _____ から、ごはんを食べます。

3. ［ この学校 ］ を出てから、_____ 。
   ［ 大学 ］

## 16課5 ～は～が～

例：

うさぎは耳が長いです。

1. へびは＿＿＿＿＿＿＿＿＿＿＿＿＿＿＿

＿＿＿＿＿＿＿＿＿＿＿＿＿＿＿＿＿

2. ぞうは＿＿＿＿＿＿＿＿＿＿＿＿＿＿＿

＿＿＿＿＿＿＿＿＿＿＿＿＿＿＿＿＿

## 16課6 ［い形容詞］くて／［な形容詞・名詞］で

［だれ・どんな食べ物・どこ］が好きですか。

例：人　わたしは（木村さん）が好きです。

（木村さんは）明るくて、親切ですから。

きれいで、親切ですから。

1. 人　　わたしは（　　　）さんが好きです。

（　　　　さんは）＿＿＿＿＿＿＿＿＿＿＿＿から。

2. 食べ物　わたしは（　　　）が＿＿＿＿＿＿＿＿＿＿

＿＿＿＿＿＿＿＿＿＿＿＿＿＿＿＿から。

3. 町　　わたしは（　　　）が＿＿＿＿＿＿＿＿＿＿

＿＿＿＿＿＿＿＿＿＿＿＿＿＿＿＿から。

/10

1. シャワーを ⎡ 浴<sup>あ</sup>んで / 浴<sup>あ</sup>びて ⎤ います。

2. 電車<sup>でんしゃ</sup>を ⎡ 降<sup>お</sup>りて / 降<sup>お</sup>って ⎤ ください。

3. わたしは大学<sup>だいがく</sup>を ⎡ 出<sup>て</sup>して / 出<sup>て</sup>て ⎤ 、すぐ日本<sup>にほん</sup>へ来<sup>き</sup>ました。

4. A：東京駅<sup>とうきょうえき</sup>まで ⎡ どうやって / どうして ⎤ 行<sup>い</sup>きますか。

   B：JRに乗<sup>の</sup>ってください。

5. A：山田<sup>やまだ</sup>さんは ⎡ どの / どれ ⎤ 人<sup>ひと</sup>ですか。

   B：あの髪<sup>かみ</sup>が長<sup>なが</sup>い人<sup>ひと</sup>です。

6. 山田<sup>やまだ</sup>さんは ⎡ きれいで / きれくて ⎤ 、親切<sup>しんせつ</sup>です。

7. このパソコンは ⎡ 軽<sup>かる</sup>いで / 軽<sup>かる</sup>くて ⎤ 、便利<sup>べんり</sup>です。

8. 横浜<sup>よこはま</sup> ⎡ で / に ⎤ 電車<sup>でんしゃ</sup> ⎡ を / に ⎤ 乗<sup>の</sup>ります。

9. 去年大学<sup>きょねんだいがく</sup> ⎡ を / に ⎤ 入<sup>はい</sup>りました。

 　**ない形の作り方**

Ⅰグループの「ない形」の作り方

| 〜ない | 〜ます | | | |
|---|---|---|---|---|
| あ⇨わ | い | う | え | お |
| か | き | く | け | こ |
| が | ぎ | ぐ | げ | ご |
| さ | し | す | せ | そ |
| た | ち | つ | て | と |
| な | に | ぬ | ね | の |
| ば | び | ぶ | べ | ぼ |
| ま | み | む | め | も |
| ら | り | る | れ | ろ |

（　　　　）にひらがなを入れましょう。

| | | | 〜ない | |
|---|---|---|---|---|
| | かいます ⇨ か **わ** ない | い ⇨（　　） | |
| | かきます ⇨ か **か** ない | き ⇨（ か ） | |
| | いそぎます ⇨ いそ **が** ない | ぎ ⇨（　　） | |
| | けします ⇨ け **さ** ない | し ⇨（　　） | |
| Ⅰ | まちます ⇨ ま **た** ない | ち ⇨（　　） | ない |
| | よびます ⇨ よ **ば** ない | び ⇨（　　） | |
| | よみます ⇨ よ **ま** ない | み ⇨（　　） | |
| | とります ⇨ と **ら** ない | り ⇨（　　） | |
| | たべます ⇨ たべ **ない** | | |
| | *みます ⇨ み **ない** | | |
| Ⅱ | *います ⇨ い **ない** | ます ⇨ **ない** | |
| | *おきます ⇨ おき **ない** | | |
| | *かります ⇨ かり **ない** | | |
| Ⅲ | します ⇨ し **ない** | し ⇨（　　）ない | |
| | きます ⇨ **こ** ない | き ⇨（　　）ない | |

78

# 17課2 ない形の練習

| Ⅰグループ | | Ⅱグループ | |
|---|---|---|---|
| 買います | 買わない | 食べます | 食べない |
| 会います | | 寝ます | |
| 使います | | 入れます | |
| 行きます | | 忘れます | |
| 書きます | | 止めます | |
| (荷物を)置きます | | *見ます | |
| 脱ぎます | | *います | |
| 急ぎます | | (6時に)*起きます | |
| 話します | | *借ります | |
| なくします | | *降ります | |
| 立ちます | | *浴びます | |
| 待ちます | | Ⅲグループ | |
| 遊びます | | | |
| 呼びます | | しDES | |
| 休みます | | します | |
| 飲みます | | 勉強します | |
| 帰ります | | 心配します | |
| 送ります | | コピーします | |
| わかります | | 来ます | |
| 知ります | | 持って来ます | |

# 17課3　ない形の整理

（6じに）おきます，ねます，はたらきます，いきます，きます，べんきょうします，
たべます，のみます，みます，ききます，よみます，かいます，します，あいます，
おくります，かけます，います，わかります，はいります，かいものします，
いそぎます，まちます，てつだいます，はなします，みせます，おぼえます，
わすれます，なくします，だします，はらいます，かえします，でかけます，
ぬぎます，もっていきます，もってきます，しんぱいします，およぎます，
やすみます，（ほんを）おきます，すいます，とります，たちます，あそびます，
けします，よびます，かえります

| Ⅰグループ | Ⅰグループ | Ⅰグループ |
|---|---|---|
| 例：いかない | | |
| | | さない |
| かない | がない | |

| | | Ⅰグループ |
|---|---|---|
| | | まない |

| Ⅰグループ | Ⅰグループ | |
|---|---|---|
| たない | ばない | |

| Ⅰグループ | Ⅰグループ | Ⅱグループ |
|---|---|---|
| らない | わない | |

| Ⅲグループ | | |
|---|---|---|
| ない | ない | ない |

80

～ないでください

例：食べないでください。

① _____

② _____

③ _____

④ _____


**17**課5　～なければなりません／～なくてもいいです

例：(学生・行きます)

毎日　　→学生は毎日学校へ行かなければなりません。

日曜日　→学生は日曜日学校へ行かなくてもいいです。

１．(お金・払います)

１)　￥1,000　→お金を1,000円_____

２)　　　￥0　→お金を_____

２．(パスポート・見せます)

１)　空港　　　　→空港でパスポートを_____

２)　スーパー　→スーパーで_____

# 17課 6 病気の表現

Ⅰ.

（ 病気です ）　（　　　　　）　（　　　　　）　（　　　　　）

（　　　　　）　（　　　　　）　（　　　　　）　（　　　　　）

Ⅱ.

| 病院，薬，部屋，うち，おふろ，会社，シャワー，学校 |

例：病気 ［ 会社 ］　　病気ですから、会社を休みます。

①かぜ　　［　　　　　］ _____

②熱　　　［　　　　　］ _____

③頭　　　［　　　　　］ _____

④おなか　［　　　　　］ _____

 **17課7** 〜たいです／〜たくないです／〜てもいいです／〜ています／〜て、
〜て／〜なければなりません／〜なくてもいいです／〜てから、〜

文をたくさん作りましょう。

例：［食べます］

寮で8時までに朝ごはんを食べなければなりません。

毎朝パンを食べて、ミルクを飲みます。

今おなかが痛いですから、何も食べたくないです。

1. ［　　　　　］

_____

_____

_____

_____


2. ［　　　　　］

_____

_____

_____

_____

**文法チェックシート** /10

1. パスポートを ⌈ なくし ⌉ ないでください。
　　　　　　　　⌊ なくさ ⌋

2. 傘を ⌈ 忘れて ⌉ ください。
　　　⌊ 忘れないで ⌋

3. 横浜で電車を ⌈ おり ⌉ なければなりません。
　　　　　　　　⌊ おら ⌋

4. あした学校へ ⌈ き ⌉ なくてもいいです。
　　　　　　　　⌊ こ ⌋

5. 時間がありますから、⌈ 急いでも ⌉ いいです。
　　　　　　　　　　　⌊ 急がなくても ⌋

6. A：⌈ どうしましたか。 ⌉　　　B：熱があります。
　　　⌊ どうでしたか。 ⌋

7. おなか ⌈ が ⌉ 痛いです。
　　　　　⌊ を ⌋

8. あっ、たばこ ⌈ は ⌉ ロビーで吸ってください。
　　　　　　　　⌊ を ⌋

9. 9時 ⌈ まで ⌉ 行かなければなりません。
　　　　⌊ までに ⌋

10. ここ ⌈ で ⌉ 自転車を置かないでください。
　　　　⌊ に ⌋

84

 **辞書形の作り方**

Ⅰグループの辞書形の作り方

| ～ない | ～ます | 辞書形 | | |
|---|---|---|---|---|
| わ | い | **う** | え | お |
| か | き | **く** | け | こ |
| が | ぎ | **ぐ** | げ | ご |
| さ | し | **す** | せ | そ |
| た | ち | **つ** | て | と |
| な | に | **ぬ** | ね | の |
| ば | び | **ぶ** | べ | ぼ |
| ま | み | **む** | め | も |
| ら | り | **る** | れ | ろ |

（　　　）にひらがなを入れましょう。

| | | | | 辞書形 |
|---|---|---|---|---|
| | | | | |
| Ⅰ | うた**い**ます ⇨ うた**う** | | い ⇨ （ う ） | |
| | **か**き**ます** ⇨ か**く** | | き ⇨ （　　） | |
| | およ**ぎ**ます ⇨ およ**ぐ** | | ぎ ⇨ （　　） | |
| | はな**し**ます ⇨ はな**す** | | し ⇨ （　　） | |
| | ま**ち**ます ⇨ ま**つ** | | ち ⇨ （　　） | |
| | あそ**び**ます ⇨ あそ**ぶ** | | び ⇨ （　　） | |
| | よ**み**ます ⇨ よ**む** | | み ⇨ （　　） | |
| | と**り**ます ⇨ と**る** | | り ⇨ （　　） | |
| Ⅱ | たべます ⇨ たべ**る** | | | |
| | *みます ⇨ み**る** | | ます ⇨ （　　） | |
| | *います ⇨ い**る** | | | |
| | *あびます ⇨ あび**る** | | | |
| | *かります ⇨ かり**る** | | | |
| Ⅲ | します ⇨ **す**る | | し ⇨ （　　）**る** | |
| | きます ⇨ **く**る | | き ⇨ （　　）**る** | |

## 18課2　辞書形の練習

| Ⅰグループ | | Ⅱグループ | |
|---|---|---|---|
| 買います | 買う | 食べます | 食べる |
| 歌います | | 寝ます | |
| 使います | | 集めます | |
| 行きます | | 始めます | |
| 書きます | | 見せます | |
| 弾きます | | *見ます | |
| 泳ぎます | | *います | |
| 急ぎます | | （6時に)*起きます | |
| 話します | | *借ります | |
| 出します | | *浴びます | |
| 立ちます | | *できます | |
| 待ちます | | | |
| 遊びます | | | |
| 呼びます | | Ⅲグループ | |
| 休みます | | します | |
| 飲みます | | 勉強します | |
| 帰ります | | 運転します | |
| 送ります | | 予約します | |
| 撮ります | | 来ます | |
| 作ります | | 持って来ます | |

86

（6じに）おきます，はたらきます，やすみます，べんきょうします，いきます，
きます，かえります，たべます，のみます，みます，ききます，よみます，かきます，
かいます，とります，します，あいます，かします，かります，わかります，
あります，います，あそびます，およぎます，かいものします，はなします，
あらいます，ひきます，うたいます，かえます，うんてんします，まちます，
ぬぎます，よびます，たちます，いそぎます，もちます，だします

Ｉグループ
例：かう

**う**

Ｉグループ

**く**

Ｉグループ

**ぐ**

Ｉグループ

**す**

Ｉグループ

**っ**

Ｉグループ

Ⅱグループ

**る**

Ｉグループ

**ぶ**

Ｉグループ

**む**

Ⅲグループ

**る**

# 18課 4  名詞 / 動詞辞書形こと] ができます／できません

I. あなたは何ができますか。

| 料理 |
| 車の運転 |
| ........ |
| 書きます |
| 読みます |
| 話します |
| 泳ぎます |
| します |
| （　　ます） |

例1：わたしは料理ができます。

例2：わたしはひらがなを読むことができます。

例3：わたしは泳ぐことができません。

1. わたしは＿＿＿＿＿＿＿＿＿＿＿＿＿＿＿＿＿＿

2. ＿＿＿＿＿＿＿＿＿＿＿＿＿＿＿＿＿＿＿＿＿＿＿

3. ＿＿＿＿＿＿＿＿＿＿＿＿＿＿＿＿＿＿＿＿＿＿＿

4. ＿＿＿＿＿＿＿＿＿＿＿＿＿＿＿＿＿＿＿＿＿＿＿

5. ＿＿＿＿＿＿＿＿＿＿＿＿＿＿＿＿＿＿＿＿＿＿＿

II. ［それで／そこで］何ができますか。

例：インターネットでチケットを予約することができます。

①インターネットで＿＿＿＿＿＿＿＿＿＿＿＿＿＿＿＿

②＿＿＿＿＿＿＿＿＿＿＿＿＿＿＿＿＿＿＿＿＿＿＿＿

③＿＿＿＿＿＿＿＿＿＿＿＿＿＿＿＿＿＿＿＿＿＿＿＿

## 18課5 辞書形まえに

I.

例：食べるまえに、手を洗います。

①テレビを_____

②_____

③_____

II. あなたは寝るまえに、何をしますか。

_____

## 18課6 期間 名詞の } まえに

例1：（3年）　　3年まえに、初めて飛行機に乗りました。

1.（　　　　）_____

2.（　　　　）_____

例2：（試験）　　試験のまえに、友達のノートをコピーします。

1.（　　　　）_____

2.（　　　　）_____

# 18課7 辞書形ことです

<sub>しゅみ</sub>
趣味

| |
|---|
| <sub>れい</sub><br>例：<br>わたしの趣味は電車の写真を撮ることです。<br><sub>やす</sub>　　　　　　　　<sub>ところ</sub><sub>い</sub>　　　　<sub>しゃしん</sub><sub>と</sub><br>休みにいろいろな所へ行って、写真を撮ります。<br><sub>ちち</sub><sub>しゅみ</sub><sub>つ</sub><br>父の趣味は釣りです。……<br><sub>はは</sub><sub>しゅみ</sub><br>母の趣味は…… |

<sub>しゅみ</sub>
わたしの趣味は＿＿＿＿＿＿＿＿＿＿＿＿＿＿＿＿＿＿＿＿＿

＿＿＿＿＿＿＿＿＿＿＿＿＿＿＿＿＿＿＿＿＿＿＿＿＿＿＿＿＿

＿＿＿＿＿＿＿＿＿＿＿＿＿＿＿＿＿＿＿＿＿＿＿＿＿＿＿＿＿

＿＿＿＿＿＿＿＿＿＿＿＿＿＿＿＿＿＿＿＿＿＿＿＿＿＿＿＿＿

＿＿＿＿＿＿＿＿＿＿＿＿＿＿＿＿＿＿＿＿＿＿＿＿＿＿＿＿＿

＿＿＿＿＿＿＿＿＿＿＿＿＿＿＿＿＿＿＿＿＿＿＿＿＿＿＿＿＿

＿＿＿＿＿＿＿＿＿＿＿＿＿＿＿＿＿＿＿＿＿＿＿＿＿＿＿＿＿

＿＿＿＿＿＿＿＿＿＿＿＿＿＿＿＿＿＿＿＿＿＿＿＿＿＿＿＿＿

＿＿＿＿＿＿＿＿＿＿＿＿＿＿＿＿＿＿＿＿＿＿＿＿＿＿＿＿＿

＿＿＿＿＿＿＿＿＿＿＿＿＿＿＿＿＿＿＿＿＿＿＿＿＿＿＿＿＿

1. 日本語を ⎡ 話す / 話する ⎤ ことができます。

2. わたしの趣味は ⎡ ピアノを弾くことができます。 / ピアノを弾くことです。 ⎤

3. ⎡ 寝るの / 寝る ⎤ まえに、シャワーを浴びます。

4. ⎡ 2か月 / 2か月の ⎤ まえに、日本へ来ました。

5. ⎡ 食事の / 食事 ⎤ まえに、薬を飲みます。

6. 忙しいですから、⎡ なかなか / ぜひ ⎤ 京都へ行くことができません。

7. 休みに ⎡ よく / ぜひ ⎤ 遊びに来てください。

8. あの馬 ⎡ の / を ⎤ 写真を撮ることができますか。

9. わたしは料理 ⎡ を / が ⎤ できます。

10. 現金 ⎡ で / に ⎤ 払ってください。

 **た形の作り方**

（　　　）にひらがなを書きましょう。

| | | | | た形 |
|---|---|---|---|---|
| Ⅰグループ | かきます | ⇨ | か いた | き ⇨（ い た ） |
| | *いきます | ⇨ | い った | |
| | いそぎます | ⇨ | いそ いだ | ぎ ⇨（　　　） |
| | のみます | ⇨ | の んだ | み |
| | よびます | ⇨ | よ んだ | び ⇨（　　　） |
| | とります | ⇨ | と った | り |
| | あいます | ⇨ | あ った | い ⇨（　　　） |
| | まちます | ⇨ | ま った | ち |
| | けします | ⇨ | け した | し ⇨（　　　） |
| Ⅱグループ | たべます | ⇨ | たべ た | |
| | ねます | ⇨ | ね た | |
| | *みます | | み た | ます ⇨（　　　） |
| | *います | ⇨ | い た | |
| | *あびます | ⇨ | あび た | |
| | *かります | ⇨ | かり た | |
| Ⅲグループ | します | ⇨ | し た | ます ⇨（　　　） |
| | きます | ⇨ | き た | ます ⇨（　　　） |

92

## 19課2 て形 と た形の練習

| | 〜ます | て形 | た形 |
|---|---|---|---|
| Iグループ | 書きます | 書いて | |
| | *行きます | | 行った |
| | 泳ぎます | 泳いで | |
| | 読みます | | 読んだ |
| | 遊びます | 遊んで | |
| | 泊まります | | 泊まった |
| | 買います | 買って | |
| | 待ちます | | 待った |
| | 話します | 話して | |
| IIグループ | 食べます | | 食べた |
| | 寝ます | 寝て | |
| | *見ます | | 見た |
| | *浴びます | 浴びて | |
| IIIグループ | します | | した |
| | 勉強します | 勉強して | |
| | 来ます | | 来た |

93

## 19課3 ～たことがあります／ありません

例：〔　馬　〕　わたしは馬を見たことがあります。

わたしは馬に乗ったことがありません。

1. 〔　　　　〕 _____

_____

2. 〔　　　　〕 _____

_____

## 19課4 ～たり、～たり

Ⅰ. | ～たり、～たりします |

例：（寒い日）　熱いコーヒーを飲んだり、温かい料理を食べたりします。

（暑い日） _____

（旅行） _____

Ⅱ. | ～たり、～たりしてはいけません |

例：（教室）　教室で飲んだり、食べたりしてはいけません。

（美術館） _____

# 19課5  い形容詞　い→く
## な形容詞／名詞→に  ] なります

I.

（5年まえ）　　　　　　　　　　　　　（今）
例：人が少なかったです。　　　　　　例：人が多くなりました。

1. ＿＿＿＿＿＿＿＿＿＿＿＿＿　　　＿＿＿＿＿＿＿＿＿＿＿＿＿

2. ＿＿＿＿＿＿＿＿＿＿＿＿＿　　　＿＿＿＿＿＿＿＿＿＿＿＿＿

3. ＿＿＿＿＿＿＿＿＿＿＿＿＿　　　＿＿＿＿＿＿＿＿＿＿＿＿＿

4. ＿＿＿＿＿＿＿＿＿＿＿＿＿　　　＿＿＿＿＿＿＿＿＿＿＿＿＿

II. あなたの国はどうですか。（＿＿年まえと今）

わたしの国は今＿＿＿＿＿＿＿＿＿＿＿＿＿＿＿＿＿＿＿＿＿＿＿＿＿

＿＿＿＿＿＿＿＿＿＿＿＿＿＿＿＿＿＿＿＿＿＿＿＿＿＿＿＿＿＿＿＿＿

＿＿＿＿＿＿＿＿＿＿＿＿＿＿＿＿＿＿＿＿＿＿＿＿＿＿＿＿＿＿＿＿＿

＿＿＿＿＿＿＿＿＿＿＿＿＿＿＿＿＿＿＿＿＿＿＿＿＿＿＿＿＿＿＿＿＿

＿＿＿＿＿＿＿＿＿＿＿＿＿＿＿＿＿＿＿＿＿＿＿＿＿＿＿＿＿＿＿＿＿

1. 桜を ［ 見て / 見た ］ ことがあります。

2. A：広島へ行ったことがありますか。　B：はい、［ あります。 / 行きました。 ］

3. すしを食べたことが ［ できます。 / あります。 ］

4. 休みの日は掃除したり、［ 洗濯したり / 洗濯 ］ します。

5. 子どもはだんだん ［ 大きいに / 大きく ］ なりました。

6. 山田さんは ［ きれく / きれいに ］ なりました。

7. ［ 一度 / 一度も ］ パソコンを使ったことがありません。

8. A：旅行は楽しかったですか。

　　B：ええ。［ そして、 / でも、 ］ 疲れました。

9. 山 ［ に / で ］ 登ります。

10. ホテル ［ に / で ］ 泊まります。

まとめ　「〜ます/〜ない/辞書形/て形/た形」の整理（19課まで）

| ～ます | ～ない | 辞書形 | て形 | た形 |
|---|---|---|---|---|
| 書きます | 急がない | 飲む | 遊んで | 取った |
| 話します | 食べない | 待つ | 買って | |
| *見ます | | | | |
| します | | | | |
| 来ます | | | | |
| 帰ります | | | | |
| ～ます／～ません | ～ないでください | 辞書形ことが できます | て形ください | た形ことがあります |
| ～ましょう／～ませんか | ～なければなりません | 辞書形まえに、～ | て形います | た形り、た形りします |
| ～たい／～たくないです | ～なくてもいいです | 辞書形ことです | て形もいいです | |
| 行きます | | | て形はいけません | |
| 来ます | | | て形から、～ | |
| 帰ります | | | て形、て形 | |
| ～に | | | | |

97

 **動詞の使い方の整理（19課まで）**

## Ⅰ．13課まで

1. いっしょにコーヒーを ［ 飲み / 飲む / 飲んで ］ ましょう。

2. あの喫茶店に ［ 入る / 入り / 入って ］ ませんか。

3. ごはんを ［ 食べる / 食べて / 食べ ］ たいです。

4. シャツを ［ 買い / 買う / 買って ］ に行きます。

## Ⅱ．14課〜16課

5. 病院へ ［ 行き / 行く / 行って ］ ください。

6. わたしは今手紙を ［ 書く / 書いて / 書き ］ います。

7. ここで写真を ［ 撮って / 撮り / 撮る ］ もいいですか。

8. ここに荷物を ［ 置か / 置く / 置いて ］ はいけません。

9. 朝 ［ 起きる / 起きて / 起きない ］ 、顔を ［ 洗う / 洗って / 洗わない ］ 、食事します。

10. 大学を ［ 出て / 出ない / 出る ］ から、いろいろな国へ旅行に行きました。

## Ⅲ. 17課

11. ここへ 
$$\left[\begin{array}{l} き \\ こない \\ きて \end{array}\right]$$
 でください。

12. 土曜日までに本を 
$$\left[\begin{array}{l} 返し \\ 返す \\ 返さ \end{array}\right]$$
 なければなりません。

13. 靴を 
$$\left[\begin{array}{l} 脱いで \\ 脱が \\ 脱ぎ \end{array}\right]$$
 なくてもいいです。

## Ⅳ. 18課

14. わたしは日本語を 
$$\left[\begin{array}{l} 話す \\ 話して \\ 話する \end{array}\right]$$
 ことができます。

15. わたしの趣味は 
$$\left[\begin{array}{l} 泳いで \\ 泳ぐ \\ 泳いだ \end{array}\right]$$
 ことです。

16. 
$$\left[\begin{array}{l} 捨てない \\ 捨てた \\ 捨てる \end{array}\right]$$
 まえに、コピーしてください。

## Ⅴ. 19課

17. わたしは馬に 
$$\left[\begin{array}{l} 乗り \\ 乗った \\ 乗って \end{array}\right]$$
 ことがあります。

18. 日曜日音楽を 
$$\left[\begin{array}{l} 聞く \\ 聞いて \\ 聞いた \end{array}\right]$$
 り、本を 
$$\left[\begin{array}{l} 読む \\ 読んで \\ 読んだ \end{array}\right]$$
 りします。

 **動詞の後続句の整理**

四角の中の表現を5つに分けましょう。

Classify the expressions in the box into five groups.

把四方框中的表現分成五组。

아래의 표현을 다섯가지 종류로 나누어 봅시다.

> ことがあります，ことができます，ことです，たいです，〜り、〜りします，〜います，〜から、〜，〜ください，〜はいけません，〜もいいです，ないでください，なくてもいいです，なければなりません，にいきます，まえに、〜，ましょう，ませんか

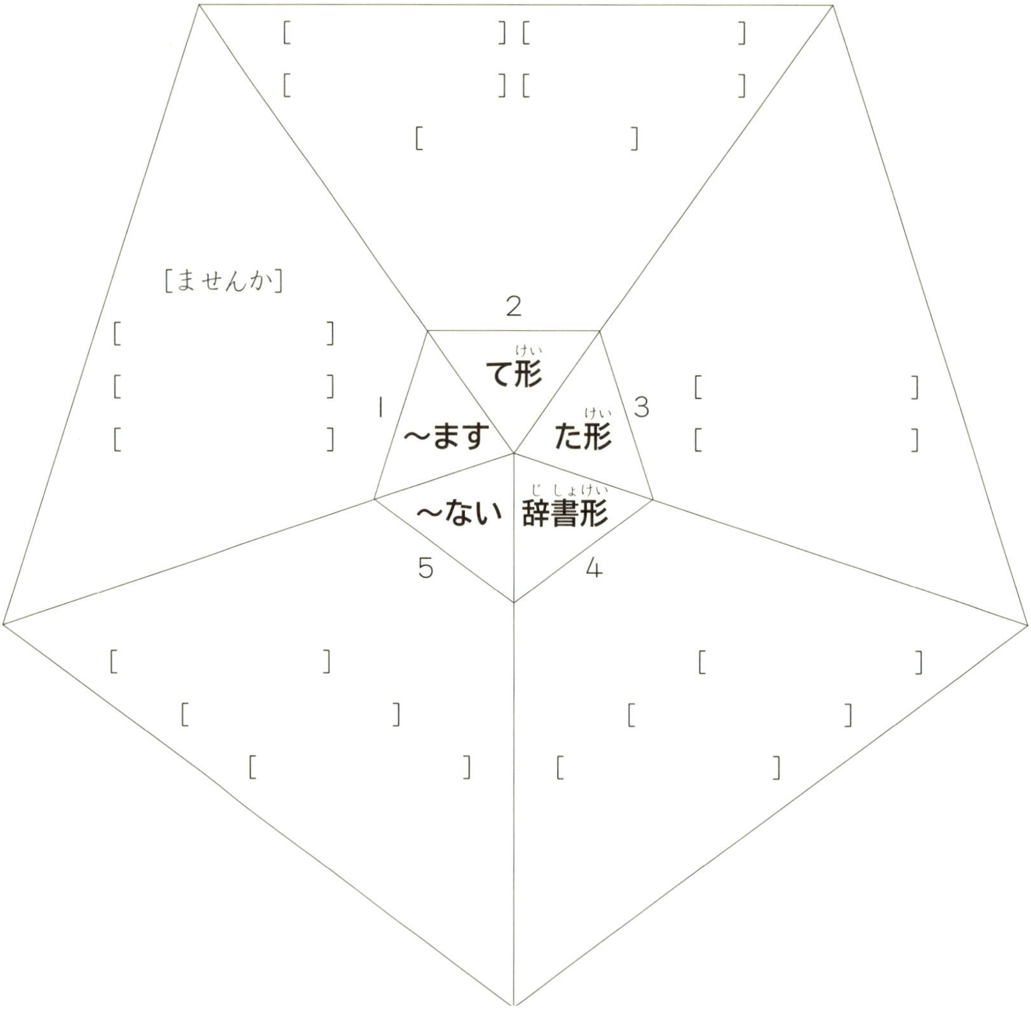

[　　　　] [　　　　]
[　　　　] [　　　　]
[　　　　]

[ませんか]
[　　　　]
[　　　　]
[　　　　]

2
て形

1
〜ます

3
[　　　　]
[　　　　]

た形

〜ない　辞書形

5　　　4

[　　　　]　[　　　　]
[　　　　]　[　　　　]
[　　　　]　[　　　　]

100

　普通体［動詞］

| ます形 | 辞書形 | ない形 | た形 | なかった形 |
|---|---|---|---|---|
| 働(はたら)きます | 働く | 働かない | 働いた | 働かなかった |
| 行(い)きます | | 行かない | | |
| 泳(およ)ぎます | | | 泳いだ | |
| 飲(の)みます | | | | 飲まなかった |
| 遊(あそ)びます | | | 遊んだ | |
| 帰(かえ)ります | | 帰らない | | |
| あります | ある | * | | * |
| 会(あ)います | | | 会った | |
| 待(ま)ちます | 待つ | | | |
| 話(はな)します | | | | 話さなかった |
| 食(た)べます | | | 食べた | |
| 覚(おぼ)えます | | 覚えない | | |
| *見(み)ます | 見る | | | |
| *できます | | | | |
| します | | | | しなかった |
| 来(き)ます | | こない | | |

# 普通体［い形容詞・な形容詞・名詞］

| | | | | |
|---|---|---|---|---|
| 大きいです | 大きい | 大きくない | 大きかった | 大きくなかった |
| 暑いです | | 暑くない | | |
| 難しいです | | | | 難しくなかった |
| 軽いです | 軽い | | | |
| いいです | | | よかった | |
| 欲しいです | | | | 欲しくなかった |
| *食べたいです | | 食べたくない | | |

| | | | | |
|---|---|---|---|---|
| きれいです | きれいだ | きれいじゃない | きれいだった | きれいじゃなかった |
| 元気です | 元気だ | | | |
| 好きです | | 好きじゃない | | |
| 便利です | | | | 便利じゃなかった |
| 雨です | | | 雨だった | |
| 病気です | | 病気じゃない | | |
| いい天気です | いい天気だ | | | |
| 休みです | | | | 休みじゃなかった |

# 20課3 普通体

例：朝6時に起きます。 → 朝6時に起きる。
　　きょうは暑いです。 → きょうは暑い。
　　ビールが好きです。 → ビールが好きだ。
　　あしたは休みです。 → あしたは休みだ。

Ⅰ．[動詞]

1. あした銀座へ行きます。 → あした銀座へ _____

2. わたしは漢字がわかりません。 → わたしは漢字が _____

3. わたしは車がありません。 → わたしは車が _____

4. 先月日本へ来ました。 → 先月日本へ _____

5. きのう働きませんでした。 → きのう _____

6. 隣の部屋にだれもいません。 → 隣の部屋に _____

Ⅱ．[い形容詞・な形容詞・名詞]

1. 日本語はおもしろいです。 → 日本語は _____

2. きょうは出かけたくないです。 → きょうは _____

3. きのうの試験はあまり難しくなかったです。
　　→きのうの試験は _____

4. きのうは天気がよかったです。 → きのうは天気が _____

5. 山本さんは親切です。 → 山本さんは _____

6. きのうは雨でした。 → きのうは _____

7. 先週のお祭りはあまりにぎやかじゃありませんでした。
　　→先週のお祭りは _____

8. わたしは歌が上手じゃありません。
　　→わたしは歌が _____

# 20課4　普通体の会話

I.

> 山田：ミラーさん。
> ミラー：何ですか。
> 山田：あした友達とお花見をしますが、
> 　　　　ミラーさんもいっしょに行きませんか。
> ミラー：いいですね。どこへ行きますか。
> 山田：桜公園です。
> ミラー：何時ですか。
> 山田：10時です。
> ミラー：わかりました。
> 山田：じゃ、またあした。　　　　　　　　　　　[第6課]

> 山田：ミラー君。
> ミラー：_____
> 山田：_____けど、
> 　　　　_____
> ミラー：_____
> 　　　　_____
> 山田：_____
> ミラー：_____
> 山田：_____
> ミラー：_____
> 山田：じゃ、またあした。

II.　普通体の会話を作りましょう。Write a conversation in the plain style.

用普通形写一段日常会話。보통체의 회화를 만들어 봅시다.

104

## 20課5 後続句の普通体

| 課 | 丁寧体 | 普通体 |
|---|---|---|
| 13 | 買いたいです。 | 例：（買いたい）。 |
| | 食べたくないです。 | （　　　　　　　　　　）。 |
| | 買いに行きます。 | 買いに（　　　　　　　　）。 |
| 14 | 待ってください。 | （　　　　　　　　　　）。 |
| | 読んでいます。 | （　　　　　　　　　　）。 |
| 15 | 撮ってもいいです。 | （　　　　　　　　　　）。 |
| | 遊んではいけません。 | （　　　　　　　　　　）。 |
| | 電話番号を知っていますか。 | 電話番号を（　　　　　　）？ |
| | …いいえ、知りません。 | …ううん、（　　　　　　）。 |
| 17 | 入らないでください。 | （　　　　　　　　　　）。 |
| | 勉強しなければなりません。 | 勉強（　　　　　　　　　）。 |
| | 出さなくてもいいです。 | 出さなくても（　　　　　）。 |
| 18 | 使うことができます。 | 使うことが（　　　　　　）。 |
| | 弾くことができません。 | 弾くことが（　　　　　　）。 |
| | 趣味は切手を集めることです。 | 趣味は切手を集める（　　　）。 |
| | 寝るまえに、日記を書きます。 | 寝るまえに、日記を（　　　）。 |
| 19 | 見たことがあります。 | 見たことが（　　　　　　）。 |
| | 登ったことがありません。 | 登ったことが（　　　　　　）。 |
| | テニスをしたり、散歩に行ったりします。 | テニスをしたり、散歩に行ったり（　　　　　　　　　　）。 |
| | 上手になりました。 | 上手に（　　　　　　　　）。 |

# 20課6 日記

I. 絵日記

きょうは　☀　いい天気だった。

いずみさんと午後から ＿＿＿＿＿＿＿＿＿＿＿＿＿＿＿＿＿＿＿＿＿＿＿＿＿＿＿＿。

とても ＿＿＿＿＿＿＿＿＿＿＿＿（楽しい）＿＿＿＿＿＿＿＿＿＿＿＿＿＿。

いずみさんはテニスが ＿＿＿＿＿＿＿＿＿＿（上手）＿＿＿＿＿＿＿＿＿＿＿。

テニスのあとで ＿＿＿＿＿＿＿＿＿＿＿＿＿＿、＿＿＿＿＿＿＿＿＿＿＿＿＿＿＿。

それから ＿＿＿＿＿＿＿＿＿＿＿＿、＿＿＿＿＿＿＿＿＿＿＿＿＿＿＿＿＿、

11時ごろ ＿＿＿＿＿＿＿＿＿＿＿＿＿＿＿＿＿＿＿＿。

II. 日記を書きましょう。

＿＿＿＿＿＿＿＿＿＿＿＿＿＿＿＿＿＿＿＿＿＿＿＿＿＿＿＿＿＿＿＿＿＿＿＿＿＿

＿＿＿＿＿＿＿＿＿＿＿＿＿＿＿＿＿＿＿＿＿＿＿＿＿＿＿＿＿＿＿＿＿＿＿＿＿＿

＿＿＿＿＿＿＿＿＿＿＿＿＿＿＿＿＿＿＿＿＿＿＿＿＿＿＿＿＿＿＿＿＿＿＿＿＿＿

＿＿＿＿＿＿＿＿＿＿＿＿＿＿＿＿＿＿＿＿＿＿＿＿＿＿＿＿＿＿＿＿＿＿＿＿＿＿

＿＿＿＿＿＿＿＿＿＿＿＿＿＿＿＿＿＿＿＿＿＿＿＿＿＿＿＿＿＿＿＿＿＿＿＿＿＿

＿＿＿＿＿＿＿＿＿＿＿＿＿＿＿＿＿＿＿＿＿＿＿＿＿＿＿＿＿＿＿＿＿＿＿＿＿＿

＿＿＿＿＿＿＿＿＿＿＿＿＿＿＿＿＿＿＿＿＿＿＿＿＿＿＿＿＿＿＿＿＿＿＿＿＿＿

＿＿＿＿＿＿＿＿＿＿＿＿＿＿＿＿＿＿＿＿＿＿＿＿＿＿＿＿＿＿＿＿＿＿＿＿＿＿

**文法チェックシート**

/10

1. Ａ：お金がある？　Ｂ：ううん、［ あらない。
　　　　　　　　　　　　　　　　　　ない。 ］

2. Ａ：山田君、事務所にいる？　Ｂ：ううん、［ いらない。
　　　　　　　　　　　　　　　　　　　　　　　いない。 ］

3. Ａ：Ｃさんは独身？　Ｂ：ううん、［ 結婚している。
　　　　　　　　　　　　　　　　　　結婚する。 ］

4. Ａ：ミラーさんの住所を知っている？　Ｂ：ううん、［ 知っていない。
　　　　　　　　　　　　　　　　　　　　　　　　　　　知らない。 ］

5. Ａ：コーヒーと紅茶とどっちがいい？　Ｂ：コーヒーが ［ いい。
　　　　　　　　　　　　　　　　　　　　　　　　　　　いいだ。 ］

6. 先生：きのうの試験 難しかった？　学生：はい、［ 難しいでした。
　　　　　　　　　　　　　　　　　　　　　　　　　難しかったです。 ］

7. 先生：パーティーに行った？　学生：ええ、［ 行きました。
　　　　　　　　　　　　　　　　　　　　　　　行ったです。 ］

8. Ａ：これは ［ なん
　　　　　　　　なに ］？　Ｂ：電子辞書だよ。

9. ビザ ［ が
　　　　　を ］ 要るよ。

10. 旅行は楽しかった ［ けど
　　　　　　　　　　　から ］、ちょっと疲れた。

107

# 21課　［普通形］と思います／と言います　資料

**動詞(どうし)－普通形(ふつうけい)**

辞書形(じしょけい)………………行(い)く
〜ない…………………行(い)かない
た形(けい)…………………行(い)った
〜なかった…………行(い)かなかった

**い形容詞(けいようし)－普通形(ふつうけい)**

－い……………………多(おお)い
－くない……………多(おお)くない
－かった……………多(おお)かった
－くなかった………多(おお)くなかった

**な形容詞(けいようし)**
**名詞(めいし)** ―**普通形(ふつうけい)**

－だ……………………きれいだ／雨(あめ)だ
－じゃない…………きれいじゃない／雨(あめ)じゃない
－だった……………きれいだった／雨(あめ)だった
－じゃなかった……きれいじゃなかった／雨(あめ)じゃなかった

→ と思(おも)います
→ と言(い)います

## 21課1 [普通形] と思います（意見）

日本についてどう思いますか。

例：日本は高いビルが多いと思います。

①日本は交通＿＿＿＿＿＿＿＿＿＿＿＿＿＿＿＿＿と思います。

②＿＿＿＿＿＿＿＿＿＿＿＿＿＿＿＿＿＿と思います。

③＿＿＿＿＿＿＿＿＿＿＿＿＿＿＿＿＿＿＿。

## 21課2 [普通形] と思います（推量）

例：ミラーさんは着物を買いますか。

ミラーさんは着物を買わないと思います。高いですから。

ミラーさんは着物を買うと思います。お金がたくさんありますから。

1. 今晩雨が降りますか。

わたしは今晩＿＿＿＿＿＿＿＿＿＿＿＿と思います。

＿＿＿＿＿＿＿＿＿＿＿＿＿から。

2. あしたのサッカーの試合はブラジルと日本とどちらが勝ちますか。

わたしは＿＿＿＿＿＿＿＿＿＿＿＿＿と思います。

＿＿＿＿＿＿＿＿＿＿＿＿＿から。

［普通形］と言いました

例：
日本は物価が高い
です。

①日本人は野球が
好きです。

②日本のアニメは
おもしろいです。

③日本は自動販売機が
たくさんあります。

例：サントスさんは日本は物価が高いと言いました。

①サントスさんは _____

②サントスさんは _____

③サントスさんは _____


**21課4**　「　　」と言います

何と言いますか。

例：店で…「ちょっとすみません」と言います。

1. 食べるまえに…「_____」と言います。

2. 寝るまえに… _____

3. 病気の友達に… _____

4. 社長の部屋に入ります… _____

110

1. みどり図書館はあした ［ 休み / 休みだ ］ と思います。

2. あの人の意見はとても ［ いい / いいだ ］ と思います。

3. 木村さんはアルバイトは ［ むだ / むだだ ］ と言いました。

4. A：来週試験があるでしょう？

   B：はい、［ あるでしょう。 / あります。 ］

5. 仕事はそんなに ［ 大変です。 / 大変じゃありません。 ］

6. ［ 最近 / いつも ］ 物価が高くなりました。

7. 富士山は ［ たぶん / ほんとうに ］ きれいでした。

8. A：日本について ［ どうと / どう ］ 思いますか。

   B：人が多いと思います。

9. 東京 ［ で / に ］ テニスの試合があります。

10. 会議 ［ で / に ］ 意見を言いました。

**副詞の整理（21課まで）**

A.

1. 松本さんは肉を ┌ とても ┐ 食べます。
   └ たくさん ┘

2. 木村さんは ┌ とても ┐ 忙しいです。
   └ たくさん ┘

3. あしたは ┌ ぜひ ┐ 雨が降ると思います。
   └ きっと ┘

4. 来週の試験は ┌ そんなに ┐ 難しくないです。
   └ 一度も ┘

B.

Ⅰ. ┌─────────────────────────────────────┐
   │ もちろん, 全然, ぜひ, だんだん, 初めて │
   └─────────────────────────────────────┘

   例：中国語が（全然）わかりません。

   1. あの人は中国人ですから、（            ）漢字がわかります。
   2. 富士山へ行ったことがありません。（            ）行きたいです。
   3. もう11月です。これから（            ）寒くなります。
   4. 先週（            ）相撲を見に行きました。

Ⅱ. ┌─────────────────────────────────┐
   │ これから, そろそろ, ゆっくり, すぐ │
   └─────────────────────────────────┘

   1. もう9時ですね。（            ）失礼します。
   2. あしたは日曜日ですから、うちで（            ）休みます。
   3. 用事がありますから、（            ）事務所へ来てください。
   4. もう、レポートを書きましたか。

      …いいえ、まだです。（            ）書きます。

C.

1. 1）わたしは相撲を一度_____

   2）わたしは相撲を一度も_____

2. 1）あしたみんなで_____

   2）家族はみんな_____

 **連体修飾［物・人・所］**

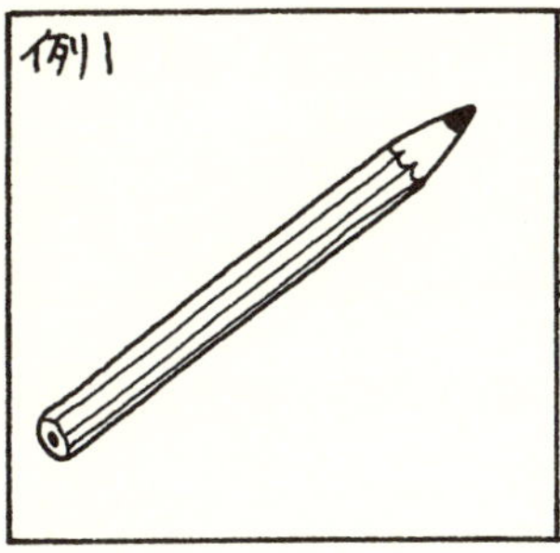

例1　（物）書く物です。

例2　（人）教える人です。

例3　（所）勉強する所です。

①　（　人　）＿＿＿＿＿＿＿＿

②　（　　　）＿＿＿＿＿＿＿＿

③　（　　　）＿＿＿＿＿＿＿＿

④　（　　　）＿＿＿＿＿＿＿＿

⑤　（　　　）＿＿＿＿＿＿＿＿

⑥　（　　　）＿＿＿＿＿＿＿＿

113

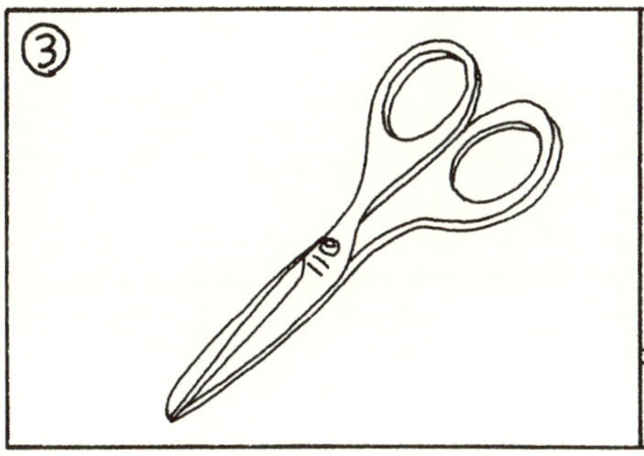

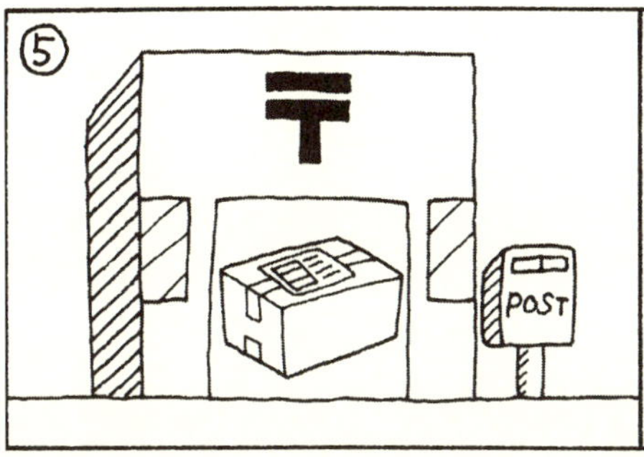

**連体修飾の使い方**

Ⅰ. ┌─────────┐
   │ 〜は〜が │
   └─────────┘

例：買います

→これはわたしが買った本です。


1. 作ります

   これは＿＿＿＿＿＿＿＿＿＿＿＿＿ケーキです。


2. よく行きます

   ここは＿＿＿＿＿＿＿＿＿＿＿＿＿＿＿＿


Ⅱ. ┌─────────┐
   │ 〜が〜は │
   └─────────┘

例：生まれました

→わたしが生まれた所は東京です。

1. 欲しいです

   →わたし＿＿＿＿＿＿＿＿＿＿＿物はパソコンです。


2. 会います

   →あした木村さん＿＿＿＿＿＿＿＿＿＿＿人は
   佐藤さんです。

# 22課3　着ます・はきます・かぶります・かけます

I .

| | |
|---|---|
| 例：シャツ | |
| [　　　　　] | [　　　　　] |
| [　　　　　] | [　　　　　] |
| [　　　　　] | [　　　　　] |

| | |
|---|---|
| 着ます | はきます |
| かぶります | かけます |

| | |
|---|---|
| [　　　　　] | [　　　　　] |
| [　　　　　] | |

靴下

ズボン

ヘルメット

II . 〜ている人

例：タワポン　　①カリナ　　②ワン　　③サントス　　④佐藤

例：白い帽子をかぶっている人はタワポンさんです。

①＿＿＿＿＿＿＿＿＿＿＿＿＿＿＿＿＿＿＿＿＿＿＿人はカリナさんです。

②＿＿＿＿＿＿＿＿＿＿＿＿＿＿＿＿＿＿＿＿＿＿＿＿＿＿＿＿＿

③＿＿＿＿＿＿＿＿＿＿＿＿＿＿＿＿＿＿＿＿＿＿＿＿＿＿＿＿＿

④＿＿＿＿＿＿＿＿＿＿＿＿＿＿＿＿＿＿＿＿＿＿＿＿＿＿＿＿＿

# 22課4 [連体修飾] 高校生

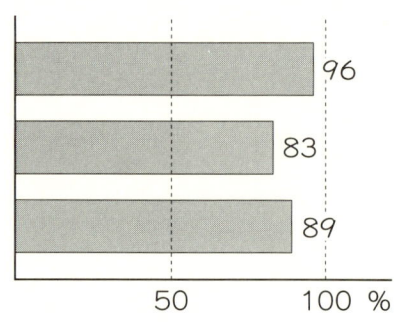

| | |
|---|---|
| ケータイを持っています | 96 |
| ゲーム*¹でよく遊びます | 83 |
| パソコンを使っています | 89 |

例：ケータイを持っている高校生*²は96%です。

1. ゲームで＿＿＿＿＿＿＿＿高校生は＿＿＿＿＿＿＿＿＿％です。

2. パソコン＿＿＿＿＿＿＿＿高校生は＿＿＿＿＿＿＿＿＿＿＿＿＿

# 22課5 [連体修飾] 仕事・ロボット

1. あなたはどんな仕事をしたいですか。

例：わたしは日本語を使う

＿＿＿＿＿＿＿＿＿＿＿＿＿＿＿＿＿

＿＿＿＿＿＿＿＿＿＿＿＿＿＿＿＿＿

}仕事をしたいです。

2. どんなロボットが欲しいですか。

例：わたしは掃除する

＿＿＿＿＿＿＿＿＿＿＿＿＿＿＿＿＿

＿＿＿＿＿＿＿＿＿＿＿＿＿＿＿＿＿

}ロボットが欲しいです。

---

*¹ゲーム　game　游戏　게임
*²高校生　high-school student　高中生　고교생

116

# 22課6  修飾用法の整理

例：

わたし**の**
きれい**な**
白くて、新し**い**    } ノート
友達にもらっ**た**
リンさんが使っている

1.

_____
_____
_____  } 帽子
_____
_____

2.

_____
_____  } 約束
_____
_____

117

1. 山田さんはユーモアが ［ わかりません / わからない ］ 人です。

2. A：いい写真ですね。青いコートを ［ 着る / 着ている ］ 人はだれですか。

　 B：山田さんです。

3. 田中さんは黒い靴を ［ 着ています。/ はいています。 ］

4. 本を ［ 読む / 読むの ］ 時間が欲しいです。

5. A：サントスさんは ［ どの / どれ ］ 人ですか。

　 B：あの帽子をかぶっている人です。

6. A：ミラーさんは ［ どの / どんな ］ 人ですか。　B：とても親切な人です。

7. 子どもと遊ぶ ［ 用事 / 約束 ］ があります。

8. ミラーさんは ［ よく / だいたい ］ 喫茶店へ行きます。

9. あれはミラーさん ［ が / は ］ 作ったいすです。

10. 母 ［ は / が ］ 作った料理が食べたいです。

118

# 23課1　るとき／たとき

例1：お休みなさい　　　例2：こんばんは

①いただきます　　②失礼します

③行ってきます　　④ただいま

⑤ありがとう　　⑥ごちそうさま

⑦おはようございます

例1：寝るとき、「お休みなさい」と言います。

①＿＿＿＿＿＿＿＿＿＿＿＿＿＿＿とき、「いただきます」と言います。

②＿＿＿＿＿＿＿＿＿＿＿とき、「　　　　　」＿＿＿＿＿＿＿＿

③＿＿＿＿＿＿＿＿＿＿＿とき、「　　　　　」＿＿＿＿＿＿＿＿

例2：夜友達に会ったとき、「こんばんは」と言います。

④＿＿＿＿＿＿＿＿＿＿＿とき、「　　　　　」＿＿＿＿＿＿＿＿

⑤＿＿＿＿＿＿＿＿＿＿＿とき、「　　　　　」＿＿＿＿＿＿＿＿

⑥＿＿＿＿＿＿＿＿＿＿＿とき、「　　　　　」＿＿＿＿＿＿＿＿

⑦＿＿＿＿＿＿＿＿＿＿＿とき、「　　　　　」＿＿＿＿＿＿＿＿

# 23課2　るとき／たとき　の使い分け

## Ⅰ.

例：日本へ 〔 (来る) ／ 来た 〕 とき、日本の飛行機で来ました。

1. 病院へ 〔 行く ／ 行った 〕 とき、医者に話してください。

2. 病院へ 〔 行く ／ 行った 〕 とき、保険証を忘れないでください。

3. 国へ 〔 帰る ／ 帰った 〕 とき、妹 に日本のお土産をあげます。

4. 来年国へ 〔 帰る ／ 帰った 〕 とき、日本の飛行機で帰ります。

## Ⅱ.

例：（行きます）→ タイへ行ったとき、タイのシャツを買います。

　　　　　　　→ タイへ行くとき、新しいかばんを持って行きます。

1. （降ります）　→ 電車を＿＿＿＿＿＿とき、傘を忘れないでください。

2. （なくします）→ パスポートを＿＿＿＿＿＿とき、大使館*に電話をかけます。

3. （忘れます）　→ 辞書を＿＿＿＿＿＿とき、友達に借ります。

---

大使館　embassy　大使馆　대사관

120

# 23課3 ～とき、～

例：わたしはペキンで生まれました。

　　子どものとき、よく遊びました。

　　３歳のとき、初めて泳ぎました。

　　５歳のとき、初めて飛行機に乗りました。

　　18歳のとき、大学に入りました。

　　学生のとき、よくお酒を飲みました。……

| わたし |
| --- |

_____

_____

_____

_____

_____

_____

_____

## 23課4 辞書形と、〜（道案内）

I.

1. 例：まっすぐ行くと、右に郵便局があります

　①まっすぐ＿＿＿＿＿と、＿＿に＿＿＿＿＿があります。

　②橋＿＿＿＿＿と、　　　　　　　　　。

2. 例：信号を渡って、まっすぐ100メートル行くと、
　　　左にスーパーがあります。

　①橋＿＿＿＿＿て、＿＿＿＿＿＿＿＿＿と、
　　＿＿に＿＿＿＿があります。

　②まっすぐ＿＿＿＿＿＿＿＿＿＿＿＿＿＿＿＿
　　＿＿＿＿＿＿＿＿＿＿＿＿＿＿＿＿＿＿＿＿
　　＿＿＿＿＿＿＿＿＿＿＿＿＿＿＿＿＿。

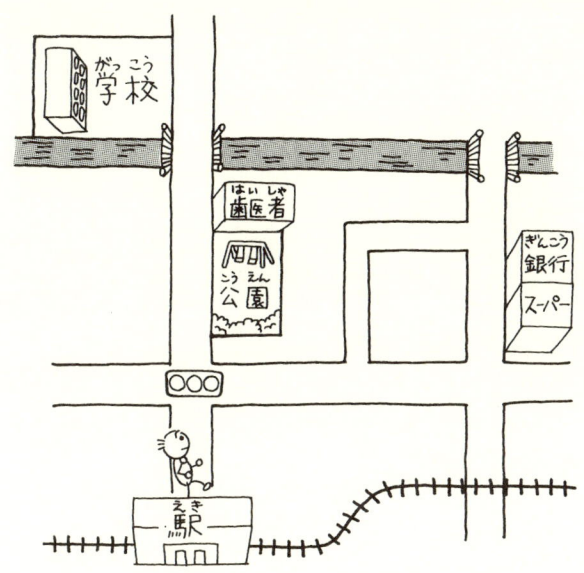

Ⅱ. | 行きます，曲がります，渡ります |

1. 銀行までどうやって行きますか。

駅からまっすぐ［例：行く］と信号があります。信号を右へ［　　　　　］て、まっすぐ

［　　　　　］ください。

2つ目の角を［　　　　　］と、右に（　　　　　）があります。銀行はスーパーの隣です。


2. 学校までどうやって行きますか。

駅からまっすぐ［　　　　　］と、（　　　　　）があります。信号を［　　　　　］て、

まっすぐ［　　　　　］と、橋があります。橋を［　　　　　］と、左に（　　　　　）

があります。


3. 歯医者までどうやって行きますか。

_____

_____

_____

_____

# 23課5  辞書形と、〜

1.

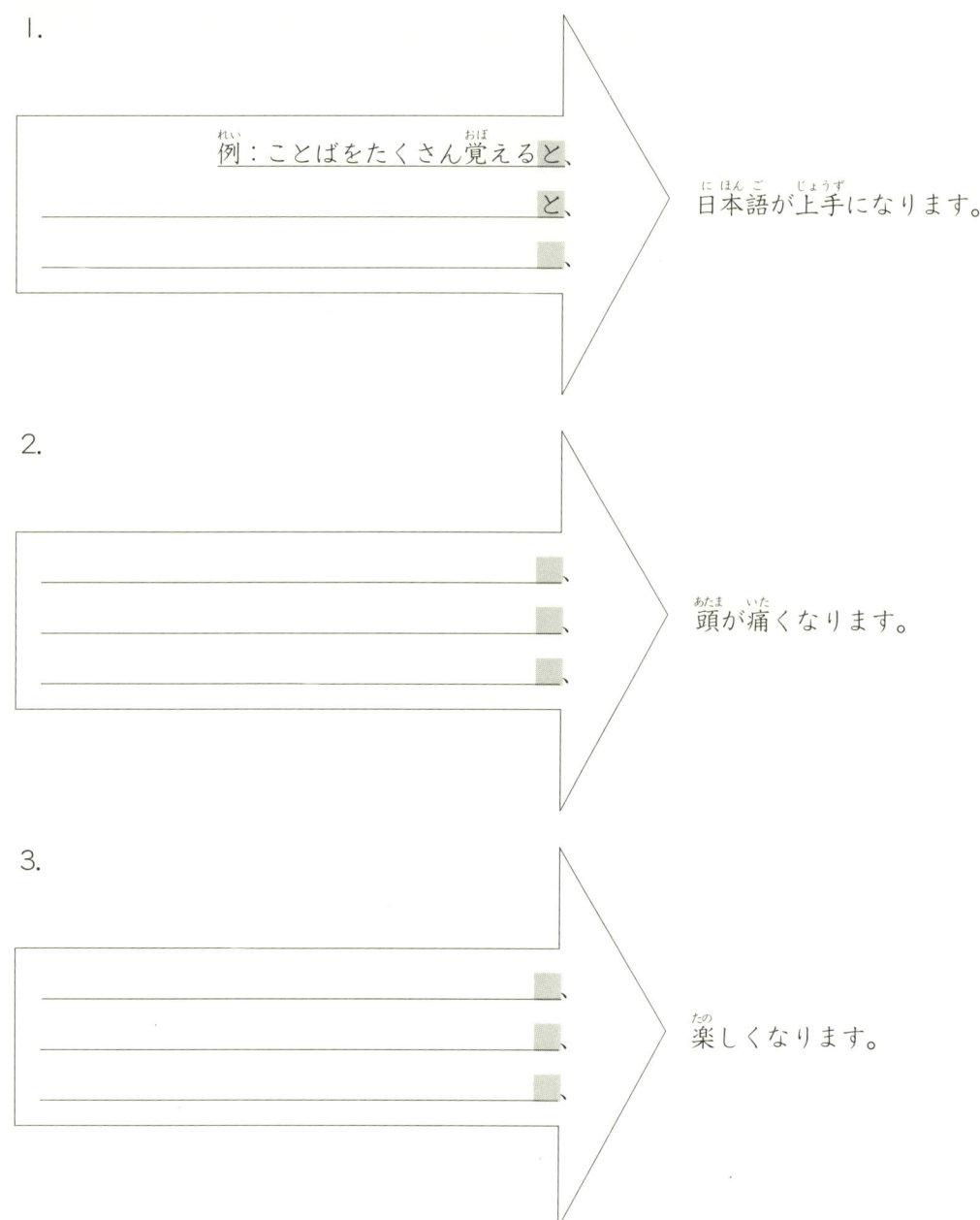

例：ことばをたくさん覚えると、

＿＿＿＿＿＿＿＿＿＿＿＿と、

＿＿＿＿＿＿＿＿＿＿＿＿、

日本語が上手になります。

2.

＿＿＿＿＿＿＿＿＿＿＿＿、

＿＿＿＿＿＿＿＿＿＿＿＿、

＿＿＿＿＿＿＿＿＿＿＿＿、

頭が痛くなります。

3.

＿＿＿＿＿＿＿＿＿＿＿＿、

＿＿＿＿＿＿＿＿＿＿＿＿、

＿＿＿＿＿＿＿＿＿＿＿＿、

楽しくなります。

**文法チェックシート**

1. $\left[\begin{array}{c}暇だ \\ 暇な\end{array}\right]$ とき、散歩します。

2. $\left[\begin{array}{c}雨の \\ 雨な\end{array}\right]$ とき、バスで駅へ行きます。

3. 体の調子が $\left[\begin{array}{c}悪いの \\ 悪い\end{array}\right]$ とき、野菜ジュースを飲みます。

4. 食事が $\left[\begin{array}{c}終わる \\ 終わった\end{array}\right]$ とき、「ごちそうさまでした」と言います。

5. CD を $\left[\begin{array}{c}止める \\ 止めた\end{array}\right]$ とき、このボタンを押します。

6. 右へ $\left[\begin{array}{c}曲がるとき、 \\ 曲がると、\end{array}\right]$ 橋があります。

7. いつも $\left[\begin{array}{c}出かけるとき、 \\ 出かけると、\end{array}\right]$ ケータイを持って行きます。

8. まっすぐ $\left[\begin{array}{c}行って、 \\ 行くと、\end{array}\right]$ 橋を渡ると、学校があります。

9. あの交差点 $\left[\begin{array}{c}を \\ に\end{array}\right]$ 渡ってください。

10. 車 $\left[\begin{array}{c}を \\ に\end{array}\right]$ 気をつけてください。

例：佐藤：わたしはミラーさんに辞書をあげました。
　　ミラー：わたしは佐藤さんに辞書をもらいました。
　　　　　　佐藤さんはわたしに辞書をくれました。


1. 山田：わたしは_____

　　ミラー：_____

　　　　　　_____


2. 松本：わたしは_____

　　ミラー：_____

　　　　　　_____

# ～てくれました／～てもらいました

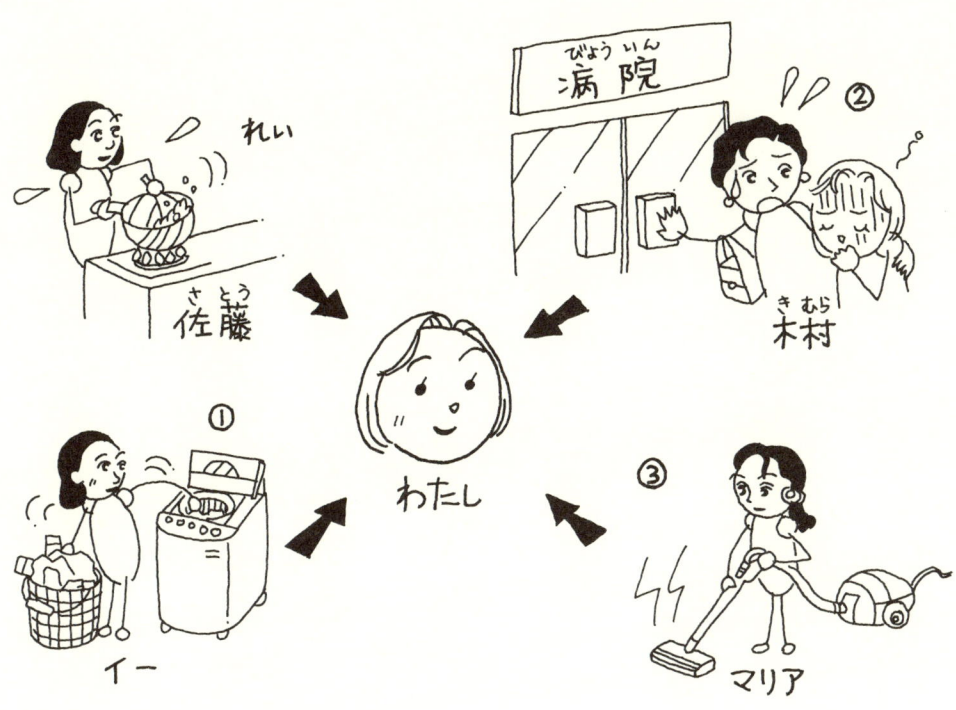

わたしが病気のとき、

例：佐藤さんは料理を作ってくれました。

　　佐藤さんに料理を作ってもらいました。

① イーさんは_____

　　イーさんに_____


② 木村さんは_____

　　_____


③ マリアさんは_____

　　_____

# 24課3 　〜てくれました

あなたが日本へ来たとき、だれが何をしてくれましたか。

例：（<ruby>高橋<rt>たかはし</rt></ruby>さん）が<ruby>空港<rt>くうこう</rt></ruby>へ<ruby>迎<rt>むか</rt></ruby>えに<ruby>来<rt>き</rt></ruby>てくれました。

（　　　　さん）が _____

_____

_____

_____

_____


# 24課4 　〜てあげたいです

<ruby>友達<rt>ともだち</rt></ruby>があなたの<ruby>国<rt>くに</rt></ruby>へ<ruby>来<rt>き</rt></ruby>たとき、あなたは<ruby>何<rt>なに</rt></ruby>をしてあげたいですか。

_____

_____

_____

# 24課5 「を」の整理（動作の対象・経路・起点）

I. ①角を曲がります
②テレビを見ます
③道を渡ります
④バスを降ります
⑤学校を紹介します
⑥道を歩きます
⑦友達を連れて行きます

| | |
|---|---|
| 1. | お茶を飲みます<br><br>例：（　②　）<br><br>（　　）（　　） |
| 2. | 公園を散歩します。<br><br>（　　）（　　）（　　） |
| 3. | 教室を出ます。<br><br>（　　） |

II. 「を」の使い方　同じ*（○）同じじゃない（×）を書きましょう。

例1：（○）［ テレビを見ます<br>テレビを買います ］　　例2：（×）［ つまみを回します<br>交差点を曲がります ］

1.（　）［ 信号を見ます<br>信号を渡ります ］　　2.（　）［ 道を渡ります<br>道を歩きます ］

3.（　）［ 公園を散歩します<br>公園を出ます ］　　4.（　）［ 友達を車で送ります<br>荷物を送ります ］

---

同じ　same　一样、同样　같다

129

 **文法チェックシート**

/10

1. 父はわたしの誕生日にネクタイを ┌ あげました。
   └ くれました。

2. わたしは誕生日に父にネクタイを ┌ もらいました。
   └ くれました。

3. [佐藤さんが病気のとき]

   わたしは佐藤さんを病院まで連れて行って ┌ あげました。
   └ くれました。

4. [わたしが病気のとき]

   山田さんが病院まで連れて行って ┌ あげました。
   └ くれました。

5. 子どものとき、母にお菓子を作って ┌ もらいました。
   └ くれました。

6. 子どものとき、兄が本を読んで ┌ もらいました。
   └ くれました。

7. わたしのセーターは ┌ 全部で ┐ フランスのです。
   └ 全部 ┘

8. 友達と食事しました。┌ 別々に ┐ お金を払いました。
   └ ほかに ┘

9. わたしはミラーさん ┌ に ┐ 英語を教えてもらいました。
   └ が ┘

10. サントスさん ┌ に ┐ 車で送ってくれました。
    └ が ┘

# 25課1 「たら」と「ても」の練習

| | | | |
|---|---|---|---|
| 聞きます | 聞いたら | 聞かなかったら | 聞いても |
| 行きます | | 行かなかったら | |
| 泳ぎます | | | 泳いでも |
| 読みます | | 読まなかったら | |
| 遊びます | 遊んだら | | |
| 帰ります | | 帰らなかったら | |
| あります | | * | |
| 買います | | | 買っても |
| 待ちます | 待ったら | | |
| 話します | | | 話しても |
| 食べます | | 食べなかったら | |
| *見ます | 見たら | | |
| します | | しなかったら | |
| 来ます | | | 来ても |

| | | |
|---|---|---|
| 暑いです | 暑かったら | 暑くても |
| 安いです | | 安くても |
| いいです | | |
| *食べたいです | 食べたかったら | |
| 静かです | 静かだったら | 静かでも |
| きれいです | | きれいでも |
| 暇です | 暇だったら | |
| 休みです | | 休みでも |

131

# 25課 2 　～たら、～

れい
例：

わたしはあした

| 時間があったら |
| --- |
| 暇だったら |
| 天気がよかったら |

、散歩に行きたいです。

1. わたしは [　　　　　　　　　　　　　]、（　　　　　　　）を買いたいです。

2. [　　　　　　　　　　　　　]、出かけません。

# 25課 3 　～たら／～ても

1. お金があったら、＿＿＿＿＿＿＿＿＿＿＿＿＿＿＿＿＿＿＿＿＿＿
   お金があっても、＿＿＿＿＿＿＿＿＿＿＿＿＿＿＿＿＿＿＿＿＿＿
2. ＿＿＿＿＿に会いたかったら、＿＿＿＿＿＿＿＿＿＿＿＿＿＿＿＿
   ＿＿＿＿＿に会いたくても、＿＿＿＿＿＿＿＿＿＿＿＿＿＿＿＿
3. ＿＿＿＿＿が嫌いだったら、＿＿＿＿＿＿＿＿＿＿＿＿＿＿＿＿
   ＿＿＿＿＿が嫌いでも、＿＿＿＿＿＿＿＿＿＿＿＿＿＿＿＿

# 25課4 〜たら、〜たいです

わたしの夢

（学校を出ます）
（会社に入ります）
（国へ帰ります）
○○会社
○さいおめでとう！
くに
（〜歳になります）
（結婚します）
（年を取ります）

例：今わたしは学生です。
学校を出たら、コンピューターの会社を作りたいです。
結婚したら、広いうちに住みたいです。……

わたしは _____

_____

_____

_____

_____

1. 時間が〔 あったら、/ あっても、〕手紙を書きません。

2. バスが〔 来たら、/ 来なかったら、〕歩きましょう。

3. 〔 寒かったら、/ 寒くても、〕温かい料理を食べます。

4. 天気が〔 よかったら、/ よくても、〕散歩しましょう。

5. 〔 嫌いだったら、/ 嫌いでも、〕食べなければなりません。

6. もし、子どもが〔 生まれたら、/ 生まれても、〕忙しくなると思います。

7. A：あした雨が降っても、野球の練習がありますか。

　　B：いいえ、雨が〔 降ったら、/ 降っても、〕ありません。

8. A：お金がなかったら、〔 どうしますか。/ 何をしますか。〕

　　B：友達に借ります。

9. Aさん〔 は / が 〕来たら、会議を始めましょう。

10. 駅〔 に / を 〕着いたら、電話をかけてください。

# まとめ 助詞

A. 物 [を，が]

例：テレビ [ を ] 見ます。

1. わたしはジュース [     ] 好きですから、毎日ジュース [     ] 飲みます。

2. 傘 [     ] ありますか。…ええ、白い傘 [     ] 持っています。

3. 日本語 [     ] 勉強しましたから、漢字 [     ] 少しわかります。

4. ボタン [     ] 押すと、切符 [     ] 出ます。

5. パソコン [     ] 欲しいです。

6. レポート [     ] 書きますから、辞書 [     ] 要ります。

B. 人 [を，に，と]

1. 友達 [     ] 手紙を書きます。

2. タワポンさん [     ] 駅まで送ります。

3. 家族 [     ] 京都へ行きたいです。

4. 鈴木先生 [     ] 日本語を教えてもらいました。

5. 学校へ子ども [     ] 迎えに行きました。

C. 所 [へ，に，で]

1. 机の上 [     ] 写真があります。

2. フランス [     ] 旅行に行きます。

3. フランス [     ] 写真を撮りました。

4. 学校 [     ] 来るとき、駅 [     ] 新聞を買いました。

5. 友達は横浜 [     ] 住んでいます。

6. 友達は横浜の大学 [     ] 勉強しています。

D. [に，を]

1. 電車 [     ] 乗ります。

2. 電車 [     ] 降ります。

3. おふろ [     ] 入ります。

4. カードはここ [     ] 入れてください。

5. 部屋 [     ] 出るとき、電気を消してください。

6. 駅 [     ] 着いたら、電話してください。

7. ここ [     ] 名前を書いてください。

8. 病気ですから、学校 [     ] 休みます。

# まとめ　動詞の語尾変化

I. ［読みます］

例：ゆっくり（読んで）ください。

1. この本を（　　　　　　）ませんか。

2. いっしょに本を（　　　　　　）ましょう。

3. 手紙を（　　　　　　）たいです。

4. 図書館へ本を（　　　　　　）に行きます。

5. もう一度（　　　　　　）ください。

6. ワンさんのレポートを（　　　　　　）もいいですか。

7. 今雑誌を（　　　　　　）はいけません。

8. 朝起きて、新聞を（　　　　　　）、学校へ来ます。

9. 本を（　　　　　　）から、レポートを書きました。

10. わたしの趣味は本を（　　　　　　）ことです。

11. 木村さんに難しい漢字を（　　　　　　）もらいました。

12. この本を（　　　　　　）ら、わかります。

13. 資料を（　　　　　　）も、わかりません。

II. ［行きます］

1. きょうどこへも（　　　　　　）ないでください。

2. 毎日学校へ（　　　　　　）なければなりません。

3. 元気になりましたから、病院へ（　　　　　　）なくてもいいです。

4. 自転車で横浜へ（　　　　　　）ことができます。

5. 学校へ（　　　　　　）まえに、新聞を読みます。

6. 京都へ（　　　　　　）ことがあります。

7. 休みの日はスーパーへ（　　　　　　）り、洗濯したりします。

8. 山本さんは来年アメリカへ（　　　　　　）と思います。

9. 木村さんはきのう新宿へ（　　　　　　）でしょう？

10. 外国へ（　　　　　　）とき、パスポートが要ります。

11. 去年フランスへ（　　　　　　）とき、写真をたくさん撮りました。

12. まっすぐ（　　　　　　）と、橋があります。

# まとめ　形容詞の語尾変化・名詞

I．い形容詞

1．これは（おもしろい…　　　　　　　　　　　）本です。

2．それはあまり（いい…　　　　　　　　　　　）です。

3．きのうはとても（暑い…　　　　　　　　　　）です。

4．きのうの試験はあまり（難しい…　　　　　　　　）です。

5．わたしの国の食べ物は（安い…　　　　　　　　）、おいしいです。

6．だんだん（寒い…　　　　　　　　）なります。

7．日本は物価が（高い…　　　　　　　　）と思います。

8．（眠い…　　　　　　　）とき、顔を洗います。

9．あした天気が（いい…　　　　　　　）ら、散歩したいです。

10．要らない物は（安い…　　　　　　　）も、買いません。

II．な形容詞

1．佐藤さんは（親切…　　　　　　　　）人です。

2．東京はあまり（静か…　　　　　　　　）。

3．きのうのパーティーはとても（にぎやか…　　　　　　　　　）。

4．北海道は（きれい…　　　　　　　）、おいしい食べ物がたくさんあります。

5．うちでゆっくり休みましたから、（元気…　　　　　　　　　　）なりました。

6．日本は交通が（便利…　　　　　　　　）と思います。

7．（暇…　　　　　　　　）とき、遊びに来てください。

8．カードは（便利…　　　　　　　）も、使いません。

III．名詞

1．これは（日本…　　　　　　　　）カメラです。

2．ミラーさんは（28歳…　　　　　　　　　）、独身です。

3．午後から（雨…　　　　　　　）なりました。

4．A：あした、休み？　　B：ううん、（休み…　　　　　　　　　）。

5．あの人は（学生…　　　　　　　　）でしょう？

6．（学生…　　　　　　　　）とき、アルバイトをしました。

7．（タクシー…　　　　　　　）ら、うちから駅まで10分ぐらいです。

8．（日曜日…　　　　　　　）も、働きます。

Ⅰ.

1. 東京の地下鉄は便利です。 ┌ それから、 ┐
   └ ですから、 ┘ きれいです。
   そして、

2. 日本の食べ物はおいしいです。 ┌ でも、 ┐
   それから、 高いです。
   └ そして、 ┘

3. きのう学校で日本語を勉強しました。 ┌ それから、 ┐
   そして、 映画を見ました。
   └ じゃ、 ┘

4. 市役所へ行く用事があります。 ┌ そして、 ┐
   では、 早く帰らなければなりません。
   └ ですから、 ┘

5. A：あした暇ですか。

   B：ええ。

   A： ┌ そして、 ┐
   じゃ、 いっしょにテニスをしませんか。
   └ それから、 ┘


Ⅱ.

1. スーパーへ行きます。そして、スーパーで＿＿＿＿＿＿＿＿＿＿＿＿＿＿＿＿

2. テレビを見ます。それから、＿＿＿＿＿＿＿＿＿＿＿＿＿＿＿＿＿＿＿＿＿

3. わたしは映画が好きです。でも、＿＿＿＿＿＿＿＿＿＿＿＿＿＿＿＿＿＿＿

4. 日本の大学に入りたいです。ですから、＿＿＿＿＿＿＿＿＿＿＿＿＿＿＿＿

5. A：このシャツはいくらですか。

   B：1,980円です。

   A：そうですか。

   じゃ、＿＿＿＿＿＿＿＿＿＿＿＿＿＿＿＿＿＿＿＿＿＿＿＿＿＿＿

著者
平井悦子
　　日本語講師　著書に『みんなの日本語初級Ⅱ書いて覚える文型練習帳』『中級へ行こう日本語
　　の文型と表現 59』『中級を学ぼう日本語の文型と表現 56 中級前期』『中級を学ぼう日本語の文
　　型と表現 82 中級中期』『クラス活動集 101』『続・クラス活動集 131』（以上共著、スリーエーネッ
　　トワーク）がある。

三輪さち子
　　日本語講師　著書に『みんなの日本語初級Ⅱ書いて覚える文型練習帳』『中級へ行こう日本語
　　の文型と表現 59』『中級を学ぼう日本語の文型と表現 56 中級前期』『中級を学ぼう日本語の文
　　型と表現 82 中級中期』『クラス活動集 101』『続・クラス活動集 131』（以上共著、スリーエーネッ
　　トワーク）がある。

本文イラスト
向井直子，古賀まき（31, 51, 70（15 課 3）, 76, 88 ページ），佐藤夏枝（34 ページ）

表紙イラスト
さとう恭子

装丁デザイン
山田武

資料出典
56 ページ　　主要食料品の小売価格「世界の統計 2011」総務省統計局編
116 ページ　　平成 23 年度「青少年のインターネット利用環境実体調査」内閣府に基づく
　　　　　　　平成 22 年度「青少年のゲーム機等の利用環境実体調査」内閣府に基づく

みんなの日本語　初級Ⅰ　第 2 版
書いて覚える文型練習帳

2000 年 11 月 15 日　初版第 1 刷発行
2012 年　8 月　2 日　第 2 版第 1 刷発行
2014 年 12 月　5 日　第 2 版第 4 刷発行

著　者　　平井悦子　三輪さち子
発行者　　藤嵜政子
発　行　　株式会社スリーエーネットワーク
　　　　　〒102-0083　東京都千代田区麹町 3 丁目 4 番
　　　　　　　　　　　トラスティ麹町ビル 2 F
　　　　　電話　営業　03（5275）2722
　　　　　　　　編集　03（5275）2725
　　　　　http://www.3anet.co.jp/
印　刷　　三美印刷株式会社

ISBN978-4-88319-607-4　C0081

# みんなの日本語シリーズ

## みんなの日本語 初級I 第2版

- 本冊（CD付） ......................... 2,500円＋税
- 本冊 ローマ字版（CD付） ..... 2,500円＋税
- 翻訳・文法解説
    - 英語版 ............................. 2,000円＋税
    - ローマ字版【英語】 ........ 2,000円＋税
    - 中国語版 ......................... 2,000円＋税
    - 韓国語版 ......................... 2,000円＋税
    - ドイツ語版 ..................... 2,000円＋税
    - スペイン語版 .................. 2,000円＋税
    - ポルトガル語版 .............. 2,000円＋税
    - ベトナム語版 .................. 2,000円＋税
    - イタリア語版 .................. 2,000円＋税
    - フランス語版 .................. 2,000円＋税
    - ロシア語版（新版） ........ 2,000円＋税
    - タイ語版 ......................... 2,000円＋税
    - インドネシア語版 ........... 2,000円＋税
- 標準問題集 ........................... 900円＋税
- 漢字 英語版 ...................... 1,800円＋税
- 漢字 ベトナム語版 ........... 1,800円＋税
- 漢字練習帳 ........................... 900円＋税
- 書いて覚える文型練習帳 ... 1,300円＋税
- 導入・練習イラスト集 ........ 2,200円＋税
- CD 5枚セット ................... 8,000円＋税
- 絵教材CD-ROMブック ...... 3,000円＋税

## みんなの日本語 初級II 第2版

- 本冊（CD付） ......................... 2,500円＋税
- 翻訳・文法解説
    - 英語版 ............................. 2,000円＋税
    - 中国語版 ......................... 2,000円＋税
    - スペイン語版 .................. 2,000円＋税
    - ポルトガル語版 .............. 2,000円＋税
    - ベトナム語版 .................. 2,000円＋税
    - イタリア語版 .................. 2,000円＋税
    - タイ語版 ......................... 2,000円＋税
- 標準問題集 ........................... 900円＋税
- 漢字練習帳 ........................ 1,200円＋税
- 書いて覚える文型練習帳 ... 1,300円＋税
- 導入・練習イラスト集 ........ 2,400円＋税
- 絵教材CD-ROMブック ...... 3,000円＋税

## みんなの日本語 初級 第2版

- やさしい作文 ..................... 1,200円＋税

## みんなの日本語 中級I

- 本冊（CD付） ......................... 2,800円＋税
- 翻訳・文法解説
    - 英語版 ............................. 1,600円＋税
    - 中国語版 ......................... 1,600円＋税
    - 韓国語版 ......................... 1,600円＋税
    - ドイツ語版 ..................... 1,600円＋税
    - スペイン語版 .................. 1,600円＋税
    - ポルトガル語版 .............. 1,600円＋税
    - フランス語版 .................. 1,600円＋税
    - ベトナム語版 .................. 1,600円＋税
- 教え方の手引き ................. 2,500円＋税
- 標準問題集 ........................... 900円＋税

## みんなの日本語 中級II

- 本冊（CD付） ......................... 2,800円＋税
- 翻訳・文法解説
    - 英語版 ............................. 1,800円＋税
    - 中国語版 ......................... 1,800円＋税
    - ドイツ語版 ..................... 1,800円＋税
    - スペイン語版 .................. 1,800円＋税
    - ポルトガル語版 .............. 1,800円＋税
    - フランス語版 .................. 1,800円＋税
- 教え方の手引き ................. 2,500円＋税

みんなの日本語

Minna no Nihongo

の

日本語

初級I 第2版

書いて覚える 文型練習帳

解答例

スリーエーネットワーク

**あいさつ　1ページ**

①こんにちは。　②こんばんは。

③さようなら。　④おやすみなさい。

⑤ありがとう　ございます。

⑥すみません。


**1課1　2ページ**

Ⅰ.①かいしゃいん　②せんせい

　　③がくせい　④いしゃ

Ⅱ.①かいしゃいん　②せんせいです。

　　③たろう, がくせいです。

　　④ワンさんは　いしゃです。

Ⅲ. 省略 <sub>しょうりゃく</sub>


**1課2　3ページ**

1. がくせい, 24

2. 省略 <sub>しょうりゃく</sub>

3. 省略 <sub>しょうりゃく</sub>


**1課3　4ページ**

1. ミラー　2. はい、

3. じゃ　ありません。

4. 35 さいです。

5. さとうさんです。　6. なんさい

7. どなた　8. ブラジル　9. も　10. の


**2課1　5ページ**

Ⅰ.①ほん　②つくえ　③めいし

　　④しんぶん　⑤かばん　⑥ざっし

　　⑦えんぴつ　⑧くるま　⑨カメラ

⑩テレビ　⑪ラジオ　⑫ノート

Ⅱ.①かさ　②いす　③カード　④かぎ

　　⑤とけい　⑥てちょう　⑦CD


**2課2　6ページ**

①1　②2　③2　④3　⑤2　⑥2

⑦3　⑧2　⑨1


**2課3　7ページ**

1. ほんです。

2. いいえ、ほんじゃ　ありません。

3. くるまの　4. ざっしです。

5. わたしの　6. なん　7. だれの

8. そう　9. あれ　10. この


**3課1　8ページ**

①でんわは　どこですか。

　…じむしょです。

②しんぶんは　どこですか。

　…しょくどうです。

③じしょは　どこですか。

　…301 です。／きょうしつです。

④テレビは　どこですか。

　…302 です。／きょうしつです。

⑤タワポンさんは　どこですか。

　…しょくどうです。

⑥CD は　どこですか。

　…じむしょです。

2

**3課2** 9ページ

I.

|  |  | 10 | 100 | 1,000 | 10,000 |
|---|---|---|---|---|---|
| 1 | いち | じゅう | ひゃく | せん | いちまん |
| 2 | に | にじゅう | にひゃく | にせん | にまん |
| 3 | さん | さんじゅう | さんびゃく | さんぜん | さんまん |
| 4 | よん／し | よんじゅう | よんひゃく | よんせん | よんまん |
| 5 | ご | ごじゅう | ごひゃく | ごせん | ごまん |
| 6 | ろく | ろくじゅう | ろっぴゃく | ろくせん | ろくまん |
| 7 | なな／しち | ななじゅう／しちじゅう | ななひゃく | ななせん | ななまん |
| 8 | はち | はちじゅう | はっぴゃく | はっせん | はちまん |
| 9 | きゅう／く | きゅうじゅう | きゅうひゃく | きゅうせん | きゅうまん |

II. 1. 15, じゅう, ご, じゅうご
2. 324, さんびゃく, にじゅう, よん, さんびゃくにじゅうよん
3. 6,897, ろくせん, はっぴゃく, きゅうじゅう, なな, ろくせんはっぴゃくきゅうじゅうなな

**3課3** 10ページ

1. 310, さんびゃくじゅう
2. 例：ネクタイ, かさ, ろくせんろっぴゃく／かばん, コーヒー
3. 省略

**3課4** 10ページ
省略

**3課5** 11ページ

1. あの かたは どなたですか。
2. その カメラは どこのですか。
3. あれは だれの かばんですか。
4. ここは わたしの へやじゃ ありません。
5. この ネクタイは 1,500 えんです。
6. これは あの ひとの とけいです。

**3課6** 12ページ

1. ここ  2. にほん  3. とうきょう
4. いくら  5. どこの, タイの  6. どこ
7. どこ  8. なんの  9. どちら

**4課1** 13ページ

① 1 じ  ② 4 じはん  ③ 6 じ 15 ふん
④ 7 じ 10 ぷん  ⑤ 9 じ 35 ふん

⑥ 10 じ 20 ぷん

**4課2** 13 ページ
Ⅰ. ①げつようび　②かようび

③すいようび　④もくようび

⑤きんようび　⑥どようび

Ⅱ. 省略（しょうりゃく）

**4課3** 14 ページ

| ～ます | ～ません | ～ました | ～ませんでした |
|---|---|---|---|
| おきます | おきません | おきました | おきませんでした |
| ねます | ねません | ねました | ねませんでした |
| べんきょうします | べんきょうしません | べんきょうしました | べんきょうしませんでした |
| やすみます | やすみません | やすみました | やすみませんでした |
| はたらきます | はたらきません | はたらきました | はたらきませんでした |
| おわります | おわりません | おわりました | おわりませんでした |

**4課4** 15 ページ
省略（しょうりゃく）

**4課5** 16 ページ
1. 4 じ　2. もくようび　3. なんばん
4. おきました。　5. べんきょうします。
6. はたらきませんでした。　7. です。
8. から　9. に　10. と

**5課1** 17 ページ
1. しがつ　にじゅうくにち
2. ごがつ　よっか
3. ごがつ　いつか
4. じゅういちがつ　みっか
5. じゅういちがつ　にじゅうさんにち

**5課2** 17 ページ
省略（しょうりゃく）

**5課3** 18 ページ
Ⅰ. ①しんかんせん, さとうさん, どようび
②インド, ひこうきで, ひとりで, 9 が
つに

Ⅱ. 省略（しょうりゃく）

**5課4** 19 ページ
1. じてんしゃ, あるいて, ちかてつ, ひこ
うき
2. かぞく, せんせい, ともだち, ひとりで
3. えき, ゆうびんきょく, がっこう, スー
パー
4. きのう, せんしゅう, まいにち, こんばん

**5課5** 20ページ

1.いきます。　2.いきませんでした。
3.なんで　4.いつ　5.へ,で
6.×,×　7.×,に


**6課1** 21ページ

①テレビ,みます　②コーヒー,のみます
③おちゃ,のみます　④パン,たべます
⑤さかな,たべます　⑥CD,ききます
⑦ラジオ,ききます　⑧てがみ,よみます
⑨しんぶん,よみます


**6課2** 21ページ

①例：うちで　ラジオを　ききます。

②例：(がっこう)で　にほんごを　べんきょうします。

③例：がっこうで　テニスを　します。

④例：(デパート)で　くつを　かいます。

⑤例：デパートで　ともだちに　あいます。


**6課3** 22ページ

①たべます　②いきます
③べんきょうします　④たべます
⑤します　⑥おわります　⑦かえります
⑧ききます　⑨たべます　⑩みます
⑪よみます　⑫かきます　⑬ねます


**6課4** 23ページ

| ～ます | ～ません | ～ました | ～ませんでした | ～ましょう | ～ませんか |
|---|---|---|---|---|---|
| たべます | たべません | たべました | たべませんでした | たべましょう | たべませんか |
| いきます | いきません | いきました | いきませんでした | いきましょう | いきませんか |
| のみます | のみません | のみました | のみませんでした | のみましょう | のみませんか |
| とります | とりません | とりました | とりませんでした | とりましょう | とりませんか |
| みます | みません | みました | みませんでした | みましょう | みませんか |
| かえります | かえりません | かえりました | かえりませんでした | かえりましょう | かえりませんか |


**6課5** 24ページ

省略


**6課6** 25ページ

1.くだもの　2.よみません。
3.いきませんか。、いきましょう。

4.なに　5.みました。　6.で　7.に
8.と　9.は


**7課1** 26ページ

1.フォーク,例：フォークで　くだもの
　を　たべます。


5

スプーン,例:スプーンで ごはんを
たべます。
2. えんぴつ,例:えんぴつで レポート
を かきます。
ボールペン,例:ボールペンで てが
みを かきます。
3. テレビ,例:テレビで えいごを べ
んきょうします。
CD,例:CDで にほんごを べんきょ
うします。

## 7課2　26ページ

1. これは にほんごで なんですか。
　…パソコンです。
2. これは にほんごで なんですか。
　…けしゴムです。

## 7課3　27ページ

①例:わたしは ワンさんに ワインを
　　もらいました。
②例:わたしは サントスさんに ほん
　　を もらいました。

## 7課4　27ページ

省略

## 7課5　28ページ

れい:ほんを かります。
1. かさ,かします。
　さとうさんに かさを かります。

2. は,に にほんごを おしえます。
　は せんせいに にほんごを なら
　います。

## 7課6　28ページ

A. 1. 例:がっこう,じしょを かりま
　　　した。
　 2. 例:せんせい,ざっしを かりま
　　　した。
B. 1. 例:がっこうで にほんごを な
　　　らいました。
　 2. 例:ははに えいごを ならいま
　　　した。

## 7課7　29ページ

1. はしで　2. かりました。
3. ならいました。　4. もう,まだ
5. で　6. で　7. に　8. に,に

## まとめ　30ページ

I. A. 1. ゆうびんきょく,スーパー,ぎん
　　　こう,がっこう
　 2. て,ナイフ,コンピューター,ス
　　　プーン
　 3. えいご
　 4. でんしゃ,じてんしゃ,バス
　 B. 1. 例:ゆうびんきょくで にもつ
　　　を おくります。
　 2. 例:ナイフで にくを きります。

6

3.例：えいごで　てがみを　かき
　　　ます。
4.例：バスで　えきへ　いきます。
II.1.おきます,おわります
　2.かします,おくります,あげます
　3.もらいます,かります

**まとめ　32 ページ**
1.へ,で,も
2.×,の,と,に,に／から
3.×,で,で,の,を,も
4.×,に,から,まで
5.×

**8課1　33 ページ**
I.①にぎやか　②しずか　③げんき
　④ゆうめい　⑤しんせつ　⑥ひま
　⑦きれい　⑧ハンサム
II.①おおきい　②ちいさい
　③あたらしい　④ふるい　⑤あつい
　⑥さむい　⑦あつい　⑧つめたい
　⑨いい　⑩わるい　⑪むずかしい
　⑫やさしい　⑬たかい　⑭やすい
　⑮たかい　⑯ひくい　⑰おもしろい
　⑱たのしい

**8課2　35 ページ**
なけいようし：
　ひま,にぎやか,しんせつ,しずか,すて
　き,ゆうめい,べんり,きれい

いけいようし：
　いい,たかい,やすい,おいしい,おもし
　ろい,さむい,わるい,ふるい,むずかし
　い,あつい,つめたい,あたらしい,いそ
　がしい,ひくい,ちいさい

**8課3　35 ページ**
べんりじゃ　ありません
きれいじゃ　ありません
ひまじゃ　ありません
さむくないです
いそがしくないです
よくないです

**8課4　36 ページ**
1.例：にほんごの,おもしろい,ゆうめ
　　　いな
2.例：わたしの,あたらしい,しんせつな
3.例：タワポンさんの,あつい,きれいな

**8課5　37 ページ**
1.きれいな　2.あたらしい
3.きれいじゃ　ありません。
4.おおきくないです。
5.べんりじゃ　ありません。
6.とても　7.どんな　8.どう
9.そして　10.たかいですが,

**9課1　38 ページ**
I.①にくが　きらいです。

②おかねが あります。

③スポーツが じょうずです。

④かんじが わかりません。

Ⅱ. 省略（しょうりゃく）

**9課2** 39ページ

①すこし ②あまり,ぜんぜん ③よく,
すこし,だいたい ④あまり,ぜんぜん
⑤とても ⑥あまり,ぜんぜん

**9課3** 40ページ

1.例（れい）：りょうりが へたですから、うち
　　　で あまり りょうりを しま
　　　せん。

2.例（れい）：じかんが ありませんから、あさ
　　　ごはんを たべません。

3.例（れい）：きのう ようじが ありましたか
　　　ら、べんきょうしませんでした。

**9課4** 40ページ

1.例（れい）：どこも いきません。
　例（れい）：にちようびに ともだちと と
　　　うきょうへ いきます。

2.例（れい）：あした かいます。
　例（れい）：たかいです。

3.例（れい）：やすいです

4.例（れい）：あした ひまです

**9課5** 41ページ

1.すきじゃ ありません。

2.たくさん 3.よく 4.あまり
5.どんな 6.どうして
7.じかんが ありませんから。
8.10じですから、 9.が 10.から、

**まとめ** 42ページ

1.1) なん 2) なに 3) なん
　4) なん

2.1) なんようび 2) なんじ
　3) なんさい 4) なんばん
　5) なんがつ,なんにち
　6) なんがい

3.1) どなた 2) どんな
　3) どうして 4) どこ 5) どんな
　6) どこ 7) どう 8) どうして

4.1) おいくつ 2) いつ 3) いくら
　4) いつ

**10課1** 44ページ

Ⅰ.A. ねこ,ひと,こども,せんせい,かい
　　しゃいん,おとこの　こ
　B. えき,トイレ,でんわ,がっこう,で
　　んち,コンピューター,き

Ⅱ.A.例（れい）：こどもが　います。
　　B.例（れい）：でんわが　あります。

**10課2** 45ページ

①テレビの　うえ ②つくえの　した
③いすの　した ④まえ
⑤Aさんの　うしろ

⑥テレビの　みぎ　⑦テレビの　ひだり
⑧かばんの　なか
⑨うち／へやの　そと
⑩うち／へやの　なか　⑪あいだ


**10課3**　46ページ

①ほんは　どこに　ありますか。
　例：テーブルの　うえに　あります。
②いぬは　どこに　いますか。
　例：きの　したに　います。
③ねこは　どこに　いますか。
　例：じてんしゃの　うえに　います。
④でんきの　スイッチは　どこに　あり
　ますか。
　例：ドアの　ひだりに　あります。


**10課4**　46ページ
省略


**10課5**　47ページ

1.はたらきます,例：まいにち　かい
　しゃで　はたらきます。
　べんきょうします,例：としょかんで
　にほんごを　べんきょうします。
　やすみます,例：こうえんで　やすみ
　ます。
　かいます,例：ちちの　たんじょうび
　に　デパートで　シャツを　かいま
　した。
　みます,例：あした　びじゅつかんで

ゆうめいな　えを　みます。
2.いきます,例：かいしゃの　ちかくの
　ゆうびんきょくへ　いきます。
　かえります,例：らいげつ　くにへ
　かえります。
　きます,例：せんしゅう　にほんへ
　きました。
3.います,例：ワンさんは　じむしょに
　います。
　あります,例：まつもとさんの　うち
　に　ほんが　たくさん　あります。


**10課6**　48ページ

1.います。　2.だれも　3.ありません。
4.に　5.で　6.の　7.は,に　8.や
9.の

9

## 11課1　49ページ

| | | | | |
|---|---|---|---|---|
| 1 | ひとつ | ひとり | いちまい | いちだい |
| 2 | ふたつ | ふたり | にまい | にだい |
| 3 | みっつ | さんにん | さんまい | さんだい |
| 4 | よっつ | よにん | よんまい | よんだい |
| 5 | いつつ | ごにん | ごまい | ごだい |
| 6 | むっつ | ろくにん | ろくまい | ろくだい |
| 7 | ななつ | ななにん／しちにん | ななまい | ななだい |
| 8 | やっつ | はちにん | はちまい | はちだい |
| 9 | ここのつ | きゅうにん | きゅうまい | きゅうだい |
| 10 | とお | じゅうにん | じゅうまい | じゅうだい |
| ? | いくつ | なんにん | なんまい | なんだい |

## 11課2　50ページ

①女の人がふたりいます。

②50円の切手を3枚と80円の切手を2枚買いました。

③みかんをむっつもらいました。

④車が3台あります。

⑤写真を9枚撮りました。

⑥トイレがふたつあります。

⑦男の子がひとりいます。

## 11課3　51ページ

1.例

| 物の名前 | いくら | いくつ | いくら |
|---|---|---|---|
| 例：りんご | 150円 | ふたつ | 300円 |
| アイスクリーム | 120円 | ひとつ | 120円 |
| 電池 | 190円 | ふたつ | 380円 |
| チョコレート | 200円 | 1枚 | 200円 |
| 全部で | | | 1,000円 |

10

2. 120, アイスクリーム, ひとつ
190円の電池をふたつ買います。
200円のチョコレートを1枚買います。

## 11課4　51ページ
例：国で7か月日本語を勉強しました。
日本で8か月勉強しました。全部
でどのくらい勉強しましたか。
……答え（1年3か月）

## 11課5　52ページ
1.例：(2) 妹は1日に2回ジョギング
をします。
2.例：(3) わたしは1週間に3回日
本語の学校へ行きます。
3.例：(1) 父は1か月に1回映画を見
ます。
4.例：(2) ミラーさんは1年に2回国
へ帰ります。
5.例：(1年)(3) わたしは1年に3
回旅行します。

## 11課6　52ページ
A.1.1週間は7日です。
2.1日は24時間です。
B.省略

## 11課7　53ページ
1.ひとつ　2.いちまい　3.みんな
4.全部で　5.7か月　6.2時間半
7.2人　8.いくつ　9.に　10.を

## 12課1　54ページ
な形容詞：
きれい, げんき, ゆうめい, じょうず, へ
た, しんせつ, すてき, ひま, べんり, に
ぎやか, きらい, かんたん, すき, しずか
い形容詞：
あつい, たかい, むずかしい, いい, はや
い, おいしい, ちかい, おそい, いそがし
い, たのしい, すずしい, おもしろい, お
もい, からい

## 12課2　55ページ
I.

| 例：高いです | 高くないです | 高かったです | 高くなかったです |
|---|---|---|---|
| おいしいです | おいしくないです | おいしかったです | おいしくなかったです |
| 忙しいです | 忙しくないです | 忙しかったです | 忙しくなかったです |
| いいです | よくないです | よかったです | よくなかったです |

| | | | |
|---|---|---|---|
| 例：元気です | 元気じゃありません | 元気でした | 元気じゃありませんでした |
| 暇です | 暇じゃありません | 暇でした | 暇じゃありませんでした |
| きれいです | きれいじゃありません | きれいでした | きれいじゃありませんでした |
| 雨です | 雨じゃありません | 雨でした | 雨じゃありませんでした |

Ⅱ. 1. 例：でした、5時間見ました。おも

しろくなかったです。

2. 例：初めてすき焼きを食べました。

店はとてもきれいでした。少

し高かったですが、おいし

かったです。

## 12課3　56ページ

Ⅰ. ①冷蔵庫　②テレビ　④ラジオ

⑤カメラ

Ⅱ. 1. 日本の牛乳　2. 日本の牛乳

3. オーストラリアの牛乳, 安い

4. インドの牛乳, フランスの牛乳

## 12課4　57ページ

1. でした。　2. おもしろかった

3. どちら　4. どちら　5. どこ　6. より

7. どちらも　8. と　9. で, が

## 13課1　58ページ

①わたしはお金が欲しいです。

②わたしは自転車が欲しいです。

③わたしは彼女が欲しいです。

## 13課2　58ページ

Ⅰ.

| | | |
|---|---|---|
| 例：勉強します | 勉強したいです | 勉強したくないです |
| 食べます | 食べたいです | 食べたくないです |
| 帰ります | 帰りたいです | 帰りたくないです |
| 見ます | 見たいです | 見たくないです |
| 泳ぎます | 泳ぎたいです | 泳ぎたくないです |
| 行きます | 行きたいです | 行きたくないです |

| | | |
|---|---|---|
| 遊びます | 遊びたいです | 遊びたくないです |
| 買い物します | 買い物したいです | 買い物したくないです |

Ⅱ. 省略

## 13課3　59ページ

1. 例：少し休みたいです。
2. 例：暑いですから、冷たい水を飲みたいです。
3. 例：休みですから、友達に会いたいです。

## 13課4　59ページ

1. 例：毎日スーパーへ買い物に行きます。
2. 例：海へ写真を撮りに行きます。
3. 例：日本へ日本語の勉強に来ました。

## 13課5　60ページ

Ⅰ. 1 － D
　　2 － E
　　3 － B
　　4 － A
Ⅱ. 1. 例：8（時に）会社へ行きます。
　　2. 例：日本のお茶を送りたいです。
　　3. 例：2回学生といっしょに昼ごはんを食べます。
　　4. 例：行きます。
　　5. 例：教室

## 13課6　61ページ

1. 見たい　2. 行きたくない　3. なん
4. か, が　5. どこか, どこも　6. が
7. へ, に

## 14課1　63ページ

Ⅰグループ：

いきます, のみます, よみます, かきます, かいます, かします, わかります, あります, あそびます, およぎます, けします, いそぎます, まちます, もちます, とります, てつだいます, よびます, はなします

Ⅱグループ：

おきます, ねます, たべます, みます, かります, います, でます, つけます, あけます, しめます, とめます, みせます, おしえます

Ⅲグループ：

べんきょうします, きます, します, かいものします, コピーします

13

**14課2** 64ページ

Ⅰ
- ぎ⇒いで
- み／び⇒んで
- り／い／ち⇒って
- し⇒して

Ⅲ
- ます⇒て
- ます⇒て

**14課3** 65ページ

| Ⅰグループ | | Ⅱグループ | |
|---|---|---|---|
| 書<sup>か</sup>きます | 書<sup>か</sup>いて | 食<sup>た</sup>べます | 食<sup>た</sup>べて |
| 聞<sup>き</sup>きます | 聞<sup>き</sup>いて | 寝<sup>ね</sup>ます | 寝<sup>ね</sup>て |
| 行<sup>い</sup>きます | 行<sup>い</sup>って | 教<sup>おし</sup>えます | 教<sup>おし</sup>えて |
| 急<sup>いそ</sup>ぎます | 急<sup>いそ</sup>いで | 見<sup>み</sup>せます | 見<sup>み</sup>せて |
| 泳<sup>およ</sup>ぎます | 泳<sup>およ</sup>いで | 開<sup>あ</sup>けます | 開<sup>あ</sup>けて |
| 飲<sup>の</sup>みます | 飲<sup>の</sup>んで | 閉<sup>し</sup>めます | 閉<sup>し</sup>めて |
| 読<sup>よ</sup>みます | 読<sup>よ</sup>んで | つけます | つけて |
| 休<sup>やす</sup>みます | 休<sup>やす</sup>んで | 見<sup>み</sup>ます | 見<sup>み</sup>て |
| 呼<sup>よ</sup>びます | 呼<sup>よ</sup>んで | います | いて |
| 遊<sup>あそ</sup>びます | 遊<sup>あそ</sup>んで | 起<sup>お</sup>きます | 起<sup>お</sup>きて |
| 帰<sup>かえ</sup>ります | 帰<sup>かえ</sup>って | 借<sup>か</sup>ります | 借<sup>か</sup>りて |
| 取<sup>と</sup>ります | 取<sup>と</sup>って | | |
| かかります | かかって | | |
| 買<sup>か</sup>います | 買<sup>か</sup>って | Ⅲグループ | |
| 会<sup>あ</sup>います | 会<sup>あ</sup>って | します | して |
| 習<sup>なら</sup>います | 習<sup>なら</sup>って | 勉強<sup>べんきょう</sup>します | 勉強<sup>べんきょう</sup>して |
| 持<sup>も</sup>ちます | 持<sup>も</sup>って | 散歩<sup>さんぽ</sup>します | 散歩<sup>さんぽ</sup>して |

| | | | |
|---|---|---|---|
| 待ちます | 待って | 買い物します | 買い物して |
| 話します | 話して | 食事します | 食事して |
| 消します | 消して | 来ます | 来て |

## 14課4　66ページ

1. すみませんが、鉛筆を貸してください。
2. レポートを書いてください。
3. どうぞコーヒーを飲んでください。

## 14課5　67ページ

Ⅰ. 1. (Aさんは)パンを食べています
   2. (Bさんは)電話をかけています
   3. (Cさん)は音楽を聞いています。
   4. (Dさん)は寝ています。
   5. (雨が)降っています。
Ⅱ. 1. 聞いていません。
   2. 勉強しています。
   3. 何も食べていません。

## 14課6　68ページ

1. きて　2. いって　3. かいて
4. のんで　5. つけて　6. しめて
7. すぐ　8. で　9. が　10. まで

## 15課1　69ページ

Ⅰグループ (いて):
　はたらいて,きいて,(ほんを) おいて
Ⅰグループ (いで):
　およいで,いそいで

Ⅰグループ (んで):
　やすんで,のんで,よんで,あそんで,よ
　んで
Ⅰグループ (って):
　いって,かえって,とって,あって,は
　いって,まって,もって,すわって,つ
　かって
Ⅰグループ (して):
　かして,けして,はなして
Ⅱグループ:
　(6じに) おきて,ねて,みて,かりて,
　おしえて,いて,つけて,あけて,しめ
　て,みせて
Ⅲグループ (して):
　べんきょうして,して,しょくじして,
　コピーして
Ⅲグループ (て):
　きて

## 15課2　70ページ

①例：資料を見てもいいですか。
②例：カタログをもらってもいいですか。
③例：コピーしてもいいですか。
④例：傘を借りてもいいですか。

## 15課3　70ページ

①入ってはいけません。

②入ってはいけません。

③食べてはいけません。／飲んではいけません。

④泳いではいけません。

⑤電話をかけてはいけません。

## 15課4　71ページ

省略

## 15課5　71ページ

省略

## 15課6　72ページ

1. おいて　2. 借りても　3. 吸っては

4. 知っていますか。知りません。

5. 結婚しました。　6. つかって

7. 持っています。　8. を　9. に

## 16課1　73ページ

あ：あげて→あげますⅡ

　　あそんで→あそびますⅠ

　　（友達に）あって→あいますⅠ

　　（お金が）あって→ありますⅠ

　　あびて→あびますⅡ

い：（東京へ）いって→いきますⅠ

　　いて→いますⅡ

　　いれて→いれますⅡ

お：おいて→おきますⅠ

　　おきて→おきますⅡ

　　おくって→おくりますⅠ

　　おしえて→おしえますⅡ

　　およいで→およぎますⅠ

　　おりて→おりますⅡ

　　おわって→おわりますⅠ

か：かいて→かきますⅠ

　　かえって→かえりますⅠ

　　かけて→かけますⅡ

　　かして→かしますⅠ

　　かって→かいますⅠ

　　かりて→かりますⅡ

き：きいて→ききますⅠ

　　きって→きりますⅠ

　　きて→きますⅢ

し：しって→しりますⅠ

　　して→しますⅢ

　　しめて→しめますⅡ

　　しょくじして→しょくじしますⅢ

## 16課2　74ページ

①6時に起きて、シャワーを浴びて、ごはんを食べます。

②学校へ行って、勉強して、テニスをします。

③うちへ帰って、音楽を聞いて、宿題をします。

**16課3** 74 ページ

Ⅰ. ①歩いて行って、JRに乗って、品川で降ります。

②JRで公園前まで行って、地下鉄に乗り換えて、博多で降ります。

Ⅱ. 省略

**16課4** 75 ページ

Ⅰ. ①食事してから、うちへ帰ります,うちへ帰ってから、食事します。

②テレビを見てから、勉強しますが、時々勉強してから、テレビを見ます。

Ⅱ. 1. 例：友達と買い物に行きます
   2. 例：毎朝散歩して
   3. 例：大学,日本へ来ました

**16課5** 76 ページ

1. 例：体が長いです。
2. 例：鼻が長いです。／体が大きいです。

**16課6** 76 ページ

1. 例：木村,(木村さんは)いつも元気で、おもしろいです
2. 例：牛どん,好きです。(牛どんは)安くて、おいしいです
3. 例：東京,好きです。(東京は)にぎやかで、楽しいです

**16課7** 77 ページ

1. 浴びて　2. 降りて　3. 出て

4. どうやって　5. どの　6. きれいで

7. 軽くて　8. で,に　9. に

**17課1** 78 ページ

Ⅰグループ：い→わ, ぎ→が, し→さ,
　　　　　ち→た, び→ば, み→ま,
　　　　　り→ら

Ⅲグループ：し→し, き→こ

**17課2** 79 ページ

| Ⅰグループ | | Ⅱグループ | |
|---|---|---|---|
| 買います | 買わない | 食べます | 食べない |
| 会います | 会わない | 寝ます | 寝ない |
| 使います | 使わない | 入れます | 入れない |
| 行きます | 行かない | 忘れます | 忘れない |
| 書きます | 書かない | 止めます | 止めない |

| | | | |
|---|---|---|---|
| （荷物を）置きます | 置かない | 見ます | 見ない |
| 脱ぎます | 脱がない | います | いない |
| 急ぎます | 急がない | （6時に）起きます | 起きない |
| 話します | 話さない | 借ります | 借りない |
| なくします | なくさない | 降ります | 降りない |
| 立ちます | 立たない | 浴びます | 浴びない |
| 待ちます | 待たない | | |
| 遊びます | 遊ばない | | |
| 呼びます | 呼ばない | Ⅲグループ | |
| 休みます | 休まない | します | しない |
| 飲みます | 飲まない | 勉強します | 勉強しない |
| 帰ります | 帰らない | 心配します | 心配しない |
| 送ります | 送らない | コピーします | コピーしない |
| わかります | わからない | 来ます | 来ない |
| 知ります | 知らない | 持って来ます | 持って来ない |

## 17課3　80ページ

Ⅰグループ（かない）:
　はたらかない, きかない, もっていかない, （ほんを）おかない

Ⅰグループ（がない）:
　いそがない, ぬがない, およがない

Ⅰグループ（さない）:
　はなさない, なくさない, ださない, かえさない, けさない

Ⅰグループ（たない）:
　またない, たたない

Ⅰグループ（ばない）:
　あそばない, よばない

Ⅰグループ（まない）:
　のまない, よまない, やすまない

Ⅰグループ（らない）:
　おくらない, わからない, はいらない, とらない, かえらない

Ⅰグループ（わない）：

　かわない，あわない，てつだわない，は

　らわない，すわない

Ⅱグループ（ない）：

　（6じに）おきない，ねない，たべない，

　みない，かけない，いない，みせない，お

　ぼえない，わすれない，でかけない

Ⅲグループ（ない）：

　べんきょうしない，しない，かいものし

　ない，しんぱいしない

Ⅲグループ（ない）：

　こない，もってこない


## 17課4　81ページ

①飲まないでください。

②電話をかけないでください。

③写真を撮らないでください。

④入らないください。


## 17課5　81ページ

1.1）払わなければなりません。

　2）払わなくてもいいです。

2.1）見せなければなりません。

　2）パスポートを見せなくてもいいです。


## 17課6　82ページ

Ⅰ.①かぜです　②熱があります

　③頭が痛いです

　④おなかが痛いです

　⑤歯が痛いです　⑥足が痛いです

⑦のどが痛いです

Ⅱ.①例：うち，かぜですから、早くうち

　　　へ帰ります。

　②例：病院，熱がありますから、病

　　　院へ行きます。

　③例：薬，頭が痛いですから、薬を飲

　　　みます。

　④例：学校，おなかが痛いですから、

　　　学校を休みます。


## 17課7　83ページ

例：[行きます]

　新宿へ行って、映画を見ます。

　熱がありますが、病院へ行きたくな

　いです。

　図書館へ本を返しに行かなければな

　りません。


## 17課8　84ページ

1.なくさ　2.忘れないで　3.おり

4.こ　5.急がなくても

6.どうしましたか。　7.が　8.は

9.までに　10.に


## 18課1　85ページ

Ⅰグループ：き→く，ぎ→ぐ，し→す，

　　　　　ち→つ，び→ぶ，み→む，

　　　　　り→る

Ⅱグループ：ます→る

Ⅲグループ：し→す，き→く

19

**18課 2** 86 ページ

| Ⅰグループ | | Ⅱグループ | |
|---|---|---|---|
| 買<ruby>か<rt></rt></ruby>います | 買<ruby>か</ruby>う | 食<ruby>た</ruby>べます | 食<ruby>た</ruby>べる |
| 歌<ruby>うた</ruby>います | 歌<ruby>うた</ruby>う | 寝<ruby>ね</ruby>ます | 寝<ruby>ね</ruby>る |
| 使<ruby>つか</ruby>います | 使<ruby>つか</ruby>う | 集<ruby>あつ</ruby>めます | 集<ruby>あつ</ruby>める |
| 行<ruby>い</ruby>きます | 行<ruby>い</ruby>く | 始<ruby>はじ</ruby>めます | 始<ruby>はじ</ruby>める |
| 書<ruby>か</ruby>きます | 書<ruby>か</ruby>く | 見<ruby>み</ruby>せます | 見<ruby>み</ruby>せる |
| 弾<ruby>ひ</ruby>きます | 弾<ruby>ひ</ruby>く | 見<ruby>み</ruby>ます | 見<ruby>み</ruby>る |
| 泳<ruby>およ</ruby>ぎます | 泳<ruby>およ</ruby>ぐ | います | いる |
| 急<ruby>いそ</ruby>ぎます | 急<ruby>いそ</ruby>ぐ | （6時<ruby>じ</ruby>に）起<ruby>お</ruby>きます | 起<ruby>お</ruby>きる |
| 話<ruby>はな</ruby>します | 話<ruby>はな</ruby>す | 借<ruby>か</ruby>ります | 借<ruby>か</ruby>りる |
| 出<ruby>だ</ruby>します | 出<ruby>だ</ruby>す | 浴<ruby>あ</ruby>びます | 浴<ruby>あ</ruby>びる |
| 立<ruby>た</ruby>ちます | 立<ruby>た</ruby>つ | できます | できる |
| 待<ruby>ま</ruby>ちます | 待<ruby>ま</ruby>つ | | |
| 遊<ruby>あそ</ruby>びます | 遊<ruby>あそ</ruby>ぶ | | |
| 呼<ruby>よ</ruby>びます | 呼<ruby>よ</ruby>ぶ | Ⅲグループ | |
| 休<ruby>やす</ruby>みます | 休<ruby>やす</ruby>む | します | する |
| 飲<ruby>の</ruby>みます | 飲<ruby>の</ruby>む | 勉強<ruby>べんきょう</ruby>します | 勉強<ruby>べんきょう</ruby>する |
| 帰<ruby>かえ</ruby>ります | 帰<ruby>かえ</ruby>る | 運転<ruby>うんてん</ruby>します | 運転<ruby>うんてん</ruby>する |
| 送<ruby>おく</ruby>ります | 送<ruby>おく</ruby>る | 予約<ruby>よやく</ruby>します | 予約<ruby>よやく</ruby>する |
| 撮<ruby>と</ruby>ります | 撮<ruby>と</ruby>る | 来<ruby>き</ruby>ます | 来<ruby>く</ruby>る |
| 作<ruby>つく</ruby>ります | 作<ruby>つく</ruby>る | 持<ruby>も</ruby>って来<ruby>き</ruby>ます | 持<ruby>も</ruby>って来<ruby>く</ruby>る |

**18課3** 87ページ

Ⅰグループ（う）：

あう, あらう, うたう

Ⅰグループ（く）：

はたらく, いく, きく, かく, ひく

Ⅰグループ（ぐ）：

およぐ, ぬぐ, いそぐ

Ⅰグループ（す）：

かす, はなす, だす

Ⅰグループ（つ）：

まつ, たつ, もつ

Ⅰグループ（ぶ）：

あそぶ, よぶ

Ⅰグループ（む）：

やすむ, のむ, よむ

Ⅰグループ（る）：

かえる, とる, わかる, ある

Ⅱグループ（る）：

おきる, たべる, みる, かりる, いる,

かえる

Ⅲグループ（る）：

べんきょうする, する, かいものする,

うんてんする

Ⅲグループ（る）：

くる

**18課4** 88ページ

Ⅰ. 省略

Ⅱ. ①例：本を買うことができます。

②例：カードで電車に乗ることがで

きます。

③例：図書館でCDを借りることが

できます。

**18課5** 89ページ

Ⅰ. ①見るまえに、勉強します。

②手紙を書くまえに、新聞を読みます。

③寝るまえに、シャワーを浴びます。

Ⅱ. 省略

**18課6** 89ページ

1. 例：(1年) 1年まえに、日本へ来ま

した。

2. 例：(会議) 会議のまえに、資料をコ

ピーしなければなりません。

**18課7** 90ページ

省略

**18課8** 91ページ

1. 話す　2. ピアノを弾くことです。

3. 寝る　4. 2か月　5. 食事の

6. なかなか　7. ぜひ　8. の　9. が

10. で

**19課1** 92ページ

Ⅰグループ：ぎ→いだ, み／び→んだ,

り／い／ち→った,

し→した

Ⅱグループ：ます→た

Ⅲグループ：ます→た，ます→た

## 19課2　93ページ

|  | ～ます | て形 | た形 |
|---|---|---|---|
| Ⅰグループ | 書きます | 書いて | 書いた |
| | 行きます | 行って | 行った |
| | 泳ぎます | 泳いで | 泳いだ |
| | 読みます | 読んで | 読んだ |
| | 遊びます | 遊んで | 遊んだ |
| | 泊まります | 泊まって | 泊まった |
| | 買います | 買って | 買った |
| | 待ちます | 待って | 待った |
| | 話します | 話して | 話した |
| Ⅱグループ | 食べます | 食べて | 食べた |
| | 寝ます | 寝て | 寝た |
| | 見ます | 見て | 見た |
| | 浴びます | 浴びて | 浴びた |
| Ⅲグループ | します | して | した |
| | 勉強します | 勉強して | 勉強した |
| | 来ます | 来て | 来た |

## 19課3　94ページ

1. 例：[年賀状] わたしは日本語で年賀
状を書いたことがあります。
2. 例：[牛どん] わたしは牛どんを食べ
たことがありません。

## 19課4　94ページ

Ⅰ．(暑い日)
例：プールへ泳ぎに行ったり、アイス
クリームを食べたりします。
(旅行)

例：写真を撮ったり、おいしい物を食べたりします。

Ⅱ．（美術館）

例：美術館で写真を撮ったり、たばこを吸ったりしてはいけません。

## 19課5　95ページ

Ⅰ．（5年まえ）

1．例：緑が多かったです。

2．例：店が少なかったです。

3．例：駅が小さかったです。

4．例：静かでした。

（今）

1．例：緑が少なくなりました。

2．例：店が多くなりました。

3．例：駅が大きくなりました。

4．例：にぎやかになりました。

Ⅱ．省略

## 19課6　96ページ

1．見た　2．あります。　3．あります。

4．洗濯したり　5．大きく　6．きれいに

7．一度も　8．でも、　9．に　10．に

## まとめ　97ページ

| 〜ます | | 〜ない | | 辞書形 | て形 | た形 |
|---|---|---|---|---|---|---|
| 書き | ます | 書か | ない | 書く | 書いて | 書いた |
| 急ぎ | ます | 急が | ない | 急ぐ | 急いで | 急いだ |
| 飲み | ます | 飲ま | ない | 飲む | 飲んで | 飲んだ |
| 遊び | ます | 遊ば | ない | 遊ぶ | 遊んで | 遊んだ |
| 取り | ます | 取ら | ない | 取る | 取って | 取った |
| 買い | ます | 買わ | ない | 買う | 買って | 買った |
| 待ち | ます | 待た | ない | 待つ | 待って | 待った |
| 話し | ます | 話さ | ない | 話す | 話して | 話した |
| 食べ | ます | 食べ | ない | 食べる | 食べて | 食べた |
| 見 | ます | 見 | ない | 見る | 見て | 見た |
| し | ます | し | ない | する | して | した |
| 来 | ます | 来 | ない | 来る | 来て | 来た |

23

**まとめ　98 ページ**

1. 飲み　2. 入り　3. 食べ　4. 買い
5. 行って　6. 書いて　7. 撮って
8. 置いて　9. 起きて,洗って　10. 出て
11. こない　12. 返さ　13. 脱が
14. 話す　15. 泳ぐ　16. 捨てる
17. 乗った　18. 聞いた,読んだ

**まとめ　100 ページ**

1. ましょう,たいです,にいきます
2. 〜います,〜から、〜,〜ください,
　　〜はいけません,〜もいいです
3. 〜り,〜りします,ことがあります
4. ことができます,ことです,まえに,〜
5. ないでください,なくてもいいです,
　　なければなりません

## 20課 1　101 ページ

| | | | | |
|---|---|---|---|---|
| 働きます | 働く | 働かない | 働いた | 働かなかった |
| 行きます | 行く | 行かない | 行った | 行かなかった |
| 泳ぎます | 泳ぐ | 泳がない | 泳いだ | 泳がなかった |
| 飲みます | 飲む | 飲まない | 飲んだ | 飲まなかった |
| 遊びます | 遊ぶ | 遊ばない | 遊んだ | 遊ばなかった |
| 帰ります | 帰る | 帰らない | 帰った | 帰らなかった |
| あります | ある | ない | あった | なかった |
| 会います | 会う | 会わない | 会った | 会わなかった |
| 待ちます | 待つ | 待たない | 待った | 待たなかった |
| 話します | 話す | 話さない | 話した | 話さなかった |
| 食べます | 食べる | 食べない | 食べた | 食べなかった |
| 覚えます | 覚える | 覚えない | 覚えた | 覚えなかった |
| 見ます | 見る | 見ない | 見た | 見なかった |
| できます | できる | できない | できた | できなかった |
| します | する | しない | した | しなかった |
| 来ます | 来る | 来ない | 来た | 来なかった |

24

## 20課2　102ページ

| | | | | |
|---|---|---|---|---|
| 大<sup>おお</sup>きいです | 大<sup>おお</sup>きい | 大<sup>おお</sup>きくない | 大<sup>おお</sup>きかった | 大<sup>おお</sup>きくなかった |
| 暑<sup>あつ</sup>いです | 暑<sup>あつ</sup>い | 暑<sup>あつ</sup>くない | 暑<sup>あつ</sup>かった | 暑<sup>あつ</sup>くなかった |
| 難<sup>むずか</sup>しいです | 難<sup>むずか</sup>しい | 難<sup>むずか</sup>しくない | 難<sup>むずか</sup>しかった | 難<sup>むずか</sup>しくなかった |
| 軽<sup>かる</sup>いです | 軽<sup>かる</sup>い | 軽<sup>かる</sup>くない | 軽<sup>かる</sup>かった | 軽<sup>かる</sup>くなかった |
| いいです | いい | よくない | よかった | よくなかった |
| 欲<sup>ほ</sup>しいです | 欲<sup>ほ</sup>しい | 欲<sup>ほ</sup>しくない | 欲<sup>ほ</sup>しかった | 欲<sup>ほ</sup>しくなかった |
| 食<sup>た</sup>べたいです | 食<sup>た</sup>べたい | 食<sup>た</sup>べたくない | 食<sup>た</sup>べたかった | 食<sup>た</sup>べたくなかった |

| | | | | |
|---|---|---|---|---|
| きれいです | きれいだ | きれいじゃない | きれいだった | きれいじゃなかった |
| 元気<sup>げんき</sup>です | 元気<sup>げんき</sup>だ | 元気<sup>げんき</sup>じゃない | 元気<sup>げんき</sup>だった | 元気<sup>げんき</sup>じゃなかった |
| 好<sup>す</sup>きです | 好<sup>す</sup>きだ | 好<sup>す</sup>きじゃない | 好<sup>す</sup>きだった | 好<sup>す</sup>きじゃなかった |
| 便利<sup>べんり</sup>です | 便利<sup>べんり</sup>だ | 便利<sup>べんり</sup>じゃない | 便利<sup>べんり</sup>だった | 便利<sup>べんり</sup>じゃなかった |
| 雨<sup>あめ</sup>です | 雨<sup>あめ</sup>だ | 雨<sup>あめ</sup>じゃない | 雨<sup>あめ</sup>だった | 雨<sup>あめ</sup>じゃなかった |
| 病気<sup>びょうき</sup>です | 病気<sup>びょうき</sup>だ | 病気<sup>びょうき</sup>じゃない | 病気<sup>びょうき</sup>だった | 病気<sup>びょうき</sup>じゃなかった |
| いい天気<sup>てんき</sup>です | いい天気<sup>てんき</sup>だ | いい天気<sup>てんき</sup>じゃない | いい天気<sup>てんき</sup>だった | いい天気<sup>てんき</sup>じゃなかった |
| 休<sup>やす</sup>みです | 休<sup>やす</sup>みだ | 休<sup>やす</sup>みじゃない | 休<sup>やす</sup>みだった | 休<sup>やす</sup>みじゃなかった |

## 20課3　103ページ

Ⅰ. 1. 行<sup>い</sup>く。　2. わからない。　3. ない。
4. 来<sup>き</sup>た。　5. 働<sup>はたら</sup>かなかった。
6. だれもいない。

Ⅱ. 1. おもしろい。　2. 出<sup>で</sup>かけたくない。
3. あまり難<sup>むずか</sup>しくなかった。
4. よかった。　5. 親切<sup>しんせつ</sup>だ。
6. 雨<sup>あめ</sup>だった。
7. あまりにぎやかじゃなかった。

8. 上手<sup>じょうず</sup>じゃない。

## 20課4　104ページ

Ⅰ.

ミラー：何<sup>なに</sup>？

山田<sup>やまだ</sup>：あした友達<sup>ともだち</sup>とお花見<sup>はなみ</sup>をする（けど、）ミラー君<sup>くん</sup>もいっしょに行<sup>い</sup>かない？

ミラー：いいね。どこへ行<sup>い</sup>く？

25

山田：桜公園。

ミラー：何時？

山田：10時［だよ］。

ミラー：わかった。

山田：じゃ、またあした。

Ⅱ．省略

## 20課5　105ページ

13課：食べたくない，行く

14課：待って，読んでいる

15課：撮ってもいい，遊んではいけない，知っている，知らない

17課：入らないで，しなければならない，いい

18課：できる，できない，ことだ，書く

19課：ある，ない，する，なった

## 20課6　106ページ

Ⅰ．テニスをした，楽しかった，上手だった，コーヒーを飲んで，食事した，うちへ帰って，シャワーを浴びて，寝た

Ⅱ．省略

## 20課7　107ページ

1．ない。　2．いない。

3．結婚している。　4．知らない。

5．いい。　6．難しかったです。

7．行きました。　8．なに　9．が

10．けど

## 21課1　109ページ

①が便利だ

②例：日本は物価が高い

③例：日本は町がきれいだと思います

## 21課2　109ページ

1．例：雨が降らない，今いい天気です

2．例：ブラジルが勝つ，ブラジルは強いです

## 21課3　110ページ

①日本人は野球が好きだと言いました。

②日本のアニメはおもしろいと言いました。

③日本は自動販売機がたくさんあると言いました。

## 21課4　110ページ

1．いただきます

2．「お休みなさい」と言います。

3．「お大事に」と言います。

4．「失礼します」と言います。

## 21課5　111ページ

1．休みだ　2．いい　3．むだだ

4．あります。　5．大変じゃありません。

6．最近　7．ほんとうに　8．どう　9．で

10．で

## まとめ　112ページ

A．1．たくさん　2．とても　3．きっと

4. そんなに

B. I. 1. もちろん　2. ぜひ
　　　3. だんだん　4. 初めて

　Ⅱ. 1. そろそろ　2. ゆっくり
　　　3. すぐ　4. これから

C. I. 1) 例：見たことがあります。
　　　2) 例：見たことがありません。
　　2. 1) 例：遊びに行きましょう。
　　　2) 例：元気だと思います。

## 22課1　113ページ

① 会社で働く人です。
②（所）本を借りる所です。
③（物）紙を切る物です。
④（人）料理を作る人です。
⑤（所）荷物を送る所です。
⑥（物）座る物です。

## 22課2　114ページ

Ⅰ. 1. 木村さんが作った
　　2. 佐藤さんがよく行く喫茶店
Ⅱ. 1. が欲しい　2. が会う

## 22課3　115ページ

Ⅰ. 着ます：コート, セーター, スーツ
　　はきます：靴下, 靴, ズボン
　　かぶります：帽子, ヘルメット
　　かけます：眼鏡
Ⅱ. ① 白いセーターを着ている
　　② 眼鏡をかけている人はワンさんです。

③ 黒い靴をはいている人はサントス
　　さんです。
④ 傘を持っている人は佐藤さんです。

## 22課4　116ページ

1. よく遊ぶ, 83
2. を使っている, 89%です。

## 22課5　116ページ

省略

## 22課6　117ページ

1. 例：高い
　　先週買った
　　毎日かぶっている
2. 例：土曜日の
　　大切な
　　大阪城でミラーさんに会う

## 22課7　118ページ

1. わからない　2. 着ている
3. はいています。　4. 読む　5. どの
6. どんな　7. 約束　8. よく　9. が
10. が

## 23課1　119ページ

① 例：食事する
② 例：部長の部屋に入る,「失礼します」
　　と言います。
③ 例：出かけるとき,「行ってきます」と

言います。

④例：うちへ帰った，「ただいま」と言います。

⑤例：プレゼントをもらった，「ありがとう」と言います。

⑥例：食事が終わった，「ごちそうさま」と言います。

⑦例：朝人に会った，「おはようございます」と言います。

## 23課2　120ページ

I．1．行った　2．行く　3．帰った
　4．帰る

II．1．降りる　2．なくした　3．忘れた

## 23課3　121ページ

省略

## 23課4　122ページ

I．1．①行く，左，銀行
　　②を渡る，右に病院があります
　2．①を渡っ，右へ曲がる，左，駐車場
　　②行って，信号を左へ曲がると、左に電気屋があります

II．1．曲がっ，行って，左へ曲がる，スーパー
　2．行く，信号，渡っ，行く，渡る，学校
　3．例：駅からまっすぐ行くと，信号があります。信号を渡ると、右に公園があります。歯医者

は公園の隣です。

## 23課5　124ページ

1．例：日本人の友達と話す（と）
　例：毎日CDを聞くと
2．例：嫌いな音楽を聞くと
　例：勉強すると
　例：車の中で本を読むと
3．例：好きな音楽を聞くと
　例：友達と話すと
　例：おもしろい映画を見ると

## 23課6　125ページ

1．暇な　2．雨の　3．悪い　4．終わった
5．止める　6．曲がると、
7．出かけるとき、　8．行って　9．を
10．に

## 24課1　126ページ

1．（山　田）ミラーさんに地図をあげました。
　（ミラー）わたしは山田さんに地図をもらいました。
　山田さんはわたしに地図をくれました。
2．（松　本）ミラーさんに着物をあげました。
　（ミラー）わたしは松本さんに着物をもらいました。
　松本さんはわたしに着物を

くれました。

## 24課2　127ページ
①洗濯してくれました。
　洗濯してもらいました。
②病院へ連れて行ってくれました。
　木村さんに病院へ連れて行ってもらいました。
③掃除してくれました。
　マリアさんに掃除してもらいました。

## 24課3　128ページ
例：（佐藤さん）が、駅へ迎えに来てくれました。学校へ連れて行ってくれました。友達を紹介してくれました。

## 24課4　128ページ
省略

## 24課5　129ページ
Ⅰ. 1.⑤⑦　2.①③⑥　3.④
Ⅱ. 1.×　2.○　3.×　4.○

## 24課6　130ページ
1. くれました。　2. もらいました。
3. あげました。　4. くれました。
5. もらいました。　6. くれました。
7. 全部　8. 別々に　9. に　10. が

## 25課1　131ページ

| 聞きます | 聞いたら | 聞かなかったら | 聞いても |
|---|---|---|---|
| 行きます | 行ったら | 行かなかったら | 行っても |
| 泳ぎます | 泳いだら | 泳がなかったら | 泳いでも |
| 読みます | 読んだら | 読まなかったら | 読んでも |
| 遊びます | 遊んだら | 遊ばなかったら | 遊んでも |
| 帰ります | 帰ったら | 帰らなかったら | 帰っても |
| あります | あったら | なかったら | あっても |
| 買います | 買ったら | 買わなかったら | 買っても |
| 待ちます | 待ったら | 待たなかったら | 待っても |
| 話します | 話したら | 話さなかったら | 話しても |

| | | | |
|---|---|---|---|
| 食べます | 食べたら | 食べなかったら | 食べても |
| 見ます | 見たら | 見なかったら | 見ても |
| します | したら | しなかったら | しても |
| 来ます | 来たら | 来なかったら | 来ても |

| | | |
|---|---|---|
| 暑いです | 暑かったら | 暑くても |
| 安いです | 安かったら | 安くても |
| いいです | よかったら | よくても |
| 食べたいです | 食べたかったら | 食べたくても |
| 静かです | 静かだったら | 静かでも |
| きれいです | きれいだったら | きれいでも |
| 暇です | 暇だったら | 暇でも |
| 休みです | 休みだったら | 休みでも |

**25課2** 132ページ

1.例：お金があったら／安かったら
　　電子辞書
2.例：雨が降ったら／体の調子が悪
　　かったら

**25課3** 132ページ

1.例：新しいケータイを買いたいです。
　　何も買いたくないです。
2.例：友達,学校へ行きます。
　　家族,国へ帰りません。
3.例：この料理,食べなくてもいいで
　　すよ。

漢字,勉強しなければなりませ
ん。

**25課4** 133ページ

省略

**25課5** 134ページ

1.あっても、　2.来なかったら、
3.寒かったら、　4.よかったら、
5.嫌いでも、　6.生まれたら、
7.降ったら、　8.どうしますか。
9.が　10.に

30

まとめ　135ページ

A. 1. が, を　2. が, を　3. を, が
　　4. を, が　5. が　6. を, が

B. 1. に　2. を　3. と　4. に　5. を

C. 1. に　2. へ　3. で　4. へ, で
　　5. に　6. で

D. 1. に　2. を　3. に　4. に　5. を
　　6. に　7. に　8. を


まとめ　136ページ

Ⅰ. 1. 読み　2. 読み　3. 読み　4. 読み
　　5. 読んで　6. 読んで　7. 読んで
　　8. 読んで　9. 読んで　10. 読む
　　11. 読んで　12. 読んだ
　　13. 読んで
Ⅱ. 1. 行か　2. 行か　3. 行か　4. 行く
　　5. 行く　6. 行った　7. 行った
　　8. 行く　9. 行った　10. 行く
　　11. 行った　12. 行く


まとめ　137ページ

Ⅰ. 1. おもしろい　2. よくない
　　3. 暑かった　4. 難しくなかった
　　5. 安くて　6. 寒く　7. 高い
　　8. 眠い　9. よかった　10. 安くて
Ⅱ. 1. 親切な　2. 静かじゃありません
　　3. にぎやかでした　4. きれいで
　　5. 元気に　6. 便利だ　7. 暇な
　　8. 便利で

Ⅲ. 1. 日本の　2. 28歳で　3. 雨に
　　4. 休みじゃない　5. 学生
　　6. 学生の　7. タクシーだった
　　8. 日曜日で


まとめ　138ページ

Ⅰ. 1. そして、　2. でも、　3. それから、
　　4. ですから、　5. じゃ、
Ⅱ. 1. 例：パンと野菜を買います。
　　2. 例：宿題をします。
　　3. 例：日本の映画は高いです。
　　4. 例：日本語を勉強します。
　　5. 例：これをください。